董事高管
估值知识简明指南

刘振山 著

不论央企或是民营企业,重大投资项目经总经理办公会决策后,还要由董事会进行最终决策。因此,企业的董事高管们应该具备基本的估值知识,履行领导职责,并对投资项目的成败负责任。幸运的是,估值这门技术简单易懂,80%的应用内容可以在短时间内掌握。

　　本书以一个海外项目并购实例贯穿始终,简明扼要地拆解估值核心知识体系,梳理估值关键驱动因素,涉及市场法估值、收益法现金流折现、交易价格的锁箱机制以及交易账户完成调整机制,还介绍了协同效应及商誉减值,旨在帮助董事高管们迅速掌握有关估值的核心内容,为做出科学的投资决策保驾护航。

图书在版编目（CIP）数据

董事高管估值知识简明指南 / 刘振山著 . — 北京：机械工业出版社, 2022.12
ISBN 978-7-111-72178-9

Ⅰ . ①董⋯ Ⅱ . ①刘⋯ Ⅲ . ①上市公司-管理人员-人事管理-中国-指南 Ⅳ . ① F279.246-62

中国版本图书馆CIP数据核字（2022）第233217号

机械工业出版社（北京市百万庄大街22号　邮政编码100037）
策划编辑：李新妞　　　　　责任编辑：李新妞
责任校对：张爱妮　李　婷　责任印制：李　昂
北京中科印刷有限公司印刷

2023年2月第1版第1次印刷
170mm×230mm・15.75印张・1插页・196千字
标准书号：ISBN 978-7-111-72178-9
定价：71.00元

电话服务　　　　　　　　　　网络服务
客服电话：010-88361066　　　机　工　官　网：www.cmpbook.com
　　　　　010-88379833　　　机　工　官　博：weibo.com/cmp1952
　　　　　010-68326294　　　金　书　网：www.golden-book.com
封底无防伪标均为盗版　　　　机工教育服务网：www.cmpedu.com

前　言

从 1997 年大学毕业时算起，我从事项目投资和并购估值工作已经 25 年了。特别是近 15 年间，我的主要工作内容是海外能源项目的并购估值，完成的项目交易价值超过 100 亿美元。在过往的职业经历中，我也曾作为中国国际工程咨询有限公司和中国信用出口保险公司的顾问，为中大型国企和民企提供估值咨询服务，涉及汽车、矿业、电力及房地产等行业。

估值是项目投资决策或并购的核心，是公司高管和董事做出投资决策的关键依据。很多项目投资失败或是出现大幅商誉减值导致巨额亏损，原因都归结于交易时估值过高。对国有企业来说，如果并购溢价过高，未来财务表现不达预期，导致商誉减值，往往会被追究领导责任。

随着国资委对央企境内外投资管理制度的完善，以及国家审计署对国有企业领导所负经济责任的审计工作的加强，越来越多的高管和董事们开始重视项目的估值工作。高管和董事们虽然大都具有丰富的行业经验、管理经验，且具备某一行业的技术背景，但唯独对于估值缺乏系统的学习。估值是一种专业技能，董事高管们从自身岗位职责出发，对其都有迫切的需求，只有系统地学习和掌握估值知识，才能更好地做出项目投资和并购决策。

以往我也经常受邀主讲并购估值课程，但面向对象大多数是公司中层和专业分析师，授课的重点是并购估值实务和财务建模的实操技能。我也翻译过几本有关估值及财务建模的图书，这些图书也都是面向估值岗位的基本技能需求。撰写这本书的想法，则源于某公司董事希望我能够给董事会做一场关于估值知识的培训。在经过约 2 个小时的培训之后，董事们都觉得受益匪浅，原来看似高深的估值知识，刨根问底，核心其实就是关键几点。对于董事高管们来说，掌握估值的核心原则并将其用于日常工作，也不需要花很长时间，只需花费半天或一天的时间系统学习就完全可以做到。鉴于此，本书旨在为更多的董事高管们快速掌握估值知识提供一本案头手册。

估值这件事并不复杂，也不涉及过多难以理解的技术或财务专业知识。根据我以往讲授估值课程的经验，可以将估值学习比喻成学习驾驶汽车。在学会驾驶之前，人们会觉得开车是一件非常神奇的事情。一旦学会了，就会发现开车其实是一件很容易的事情。估值也一样，估值的核心方法很有限，也很容易掌握，关键是如何熟练地进行应用，灵活地处理各种场景。

董事高管们并不需要亲自构建财务模型、掌握 Excel 的公式或计算自由现金流。作为公司的最高决策者，只需要掌握估值的核心方法，了解估值的关键驱动因素，结合本行业的特点，通过几个关键问题，就可以对项目的估值做出清晰的判断。

由于董事高管们的背景各不相同，对于项目决策，以往大家都是从各自的专业角度出发来讨论。会议上大家讨论得很积极，有时候或许还很激烈，看起来每个人说的都对，但其重点并没有围绕投资决策的核心也就是估值来展开。甚至在某些时候，由于缺乏共同的话语体系，大家对于估值的理解各不相同，对相关专业词汇缺乏共识，最后就很难聚焦到问题的核心，不能高效率地解决问题。在学习本书所讲的简单估值知识后，不论是在公司管理层的决策会议上，还是在董事会会议上，大家都更容易形成共识。对于项目存在的问题，可以达成共同的语言体系，能够比较专业地进行讨论，最终也容易形成决策意见。

对估值知识的需求并不仅限于国企的董事高管，很多民营企业的规模越来越大,早已超越了企业发展早期老板一言堂的管理方式。在公司治理方面,关于项目投资决策,不论是收购项目或是出售项目,都成立了相应的投资委员会,对相关问题进行集体决策。但是,和多数国有企业一样,民营企业的董事高管们也没有系统地学习过估值,大部分决策行为都是依据过往的个人经验或是完全依赖于投资银行顾问。

总之,不论国企还是民企,不论大型企业还是中小型企业,对掌握估值知识的需求是一样的。

董事高管们理解和掌握了估值的核心概念,就如同掌握了一门共同语言,在未来动辄几十亿元或上百亿元的项目投资中,对于项目审查和决策会更得心应手,能够一针见血地指出投资项目的决策要点,提高项目决策效率和项目成功的概率。

为了方便读者在学习完本书后,能够自测是否掌握了估值的核心概念及实务应用,本书特别配套了一套测试题,一共20道单项选择题。读者在阅读本书后,扫码关注公众号并回复"董事高管估值测试"就可以进行检验了。如果能够全部答对,则会收获一张估值知识能力证书。

关于注册估值分析师（CVA）认证考试

考试简介

注册估值分析师（Chartered Valuation Analyst，以下简称CVA）认证考试由注册估值分析师协会组织考核并提供资质认证，旨在提高投融资及并购估值领域从业人员的专业分析与操作技能。CVA认证考试从专业实务及实际估值建模等专业知识和岗位技能方面进行考核，主要涉及企业价值评估及项目投资决策（包括PPP项目投资）。CVA认证考试分为实务基础知识和Excel案例建模两个科目，内容包括会计与财务分析、公司金融、企业估值方法、并购分析、项目投资决策、私募股权投资、Excel估值建模共七个部分。考生可通过针对各科重点、难点内容的专题学习，掌握中外机构普遍使用的财务分析和企业估值方法，演练企业财务预测与估值建模、项目投资决策建模、私募股权投资、上市公司估值建模、并购与股权投资估值建模等实际分析操作案例，快速掌握投资估值基础知识和高效规范的建模技巧。

实务基础知识科目——专业综合知识考试，主要考查投融资、并购估值领域的理论和实践知识及岗位综合能力，考查范围包括会计与财务分析、公司金融与财务管理、企业估值方法、并购分析、项目投资决策、私募股权、信用分析。本科目由120道单项选择题组成，考试时长为3小时。

Excel案例建模科目——财务估值建模与分析考试，要求考生根据实际案例中的企业历史财务数据和假设条件，运用Excel搭建出标准、可靠、实用、高效的财务模型，完成企业未来财务报表预测、企业估值和相应的敏感性分析。本科目为 Excel 财务建模形式，考试时长为 3 小时。

职业发展方向

CVA 资格获得者具备企业并购、项目投资决策等投资岗位实务知识、技能和高效规范的建模技巧，能够掌握中外机构普遍使用的财务分析和企业估值方法，可以熟练进行企业财务预测与估值建模、项目投资决策建模、上市公司估值建模、并购与股权投资估值建模等实际分析操作。

CVA 持证人可胜任企业集团投资发展部、并购基金、产业投资基金、私募股权投资、财务顾问、券商投行部门、银行信贷审批等金融投资机构的核心岗位工作。

证书优势

岗位实操分析能力优势——CVA 认证考试内容紧密联系实际案例，重视提高从业人员的实务技能，并能够迅速应用到实际工作中，使持证人达到高效、系统和专业的职业水平。

标准规范化的职业素质优势——CVA 资格认证旨在推动投融资估值行业的标准化与规范化，提高执业人员的从业水平。持证人在工作流程中能够遵循标准化体系，提高效率和正确率。

国际同步知识体系优势——CVA 认证考试选用的教材均为协会精选并引进

出版的国外最实用的优秀教材。将国际先进的知识体系与国内实践应用相结合，推行高效标准的建模方法。

配套专业实务型课程——注册估值分析师协会联合国内一流金融教育机构开展 CVA 培训课程，邀请行业内资深专家进行现场或视频授课。课程内容侧重行业实务和技能实操，结合真实典型案例，帮助学员快速提升职业化、专业化和国际化水平，满足中国企业"走出去"进行海外并购的人才需求。

企业内训

紧密联系实际案例，侧重于提高从业人员的实务应用技能，使其具备高效专业的职业素养和优秀系统的分析能力。

- 以客户为导向的人性化培训体验，独一无二的特别定制课程体系。
- 专业化投融资及并购估值方法相关的优质教学内容，行业经验丰富的超强师资。
- 精选国内外优秀教材，提供科学的培训测评与运作体系。

考试安排

CVA 认证考试于每年 4 月、11 月的第三个周日举行，具体考试时间安排及考前报名，请访问协会官方网站 www.cncva.cn。

协会简介

注册估值分析师协会（Chartered Valuation Analyst Institute）是全球性及非营利性的专业机构，总部设于香港，致力于建立全球金融投资及并购估值的行业标准，帮助企业培养具备国际视野的投资专业人才，构建实用、系统、有效的专业知识体系。在亚太地区主理 CVA 认证考试、企业人才内训、第三方估值服务、出版发行投融资专业书籍以及进行协会事务运营和会员管理。

注册估值分析师协会于 2021 年起正式成为国际评估准则理事会（the International Valuation Standards Council，简称 IVSC）的专业评估机构会员。协会将依托 IVSC 的权威影响力与专业支持实现自身更快更好发展，同时遵照国际标准和专业精神，与其他成员开展广泛的交流与协作，共同推进全球估值行业的进步。

联系方式

官方网站：http://www.cncva.cn

电　　话：4006-777-630

E-mail：contactus@cncva.cn

新浪微博：注册估值分析师协会

协会官网二维码

微信平台二维码

目录

前言

关于注册估值分析师（CVA）认证考试

1 并购案例介绍

案例背景 / 001

项目基本情况 / 003

项目公司历史发展 / 003

项目历史财务数据 / 003

项目卖方预测财务数据 / 005

项目出售流程及主要时间节点 / 005

2 估值基础

2.1 价值的分类 / 007

公允价值 / 007

投资价值 / 008

市场价值 / 008

案例解读 / 009

2.2 货币的时间价值 / 010

时间是有价值的 / 010

风险和收益是成正比的 / 011

案例解读 / 013

2.3 基准收益率与折现率 / 014

2.4 重要的财务报表与财务指标 / 017

利润表 / 017

资产负债表 / 024

现金流量表 / 027

2.5 净现值、内部收益率与投资回收期 / 029

净现值 / 029

内部收益率 / 031

投资回收期 / 033

2.6 财务杠杆与内部收益率 / 034

2.7 项目投资决策指标的局限性 / 035

净现值的局限性 / 035

内部收益率的局限性 / 037

投资回收期的局限性 / 040

总结 / 041

2.8 企业价值、股权价值与净资产 / 041

什么是企业价值 / 042

什么是股权价值 / 042

什么是净资产 / 043

2.9 常见的估值乘数与快速估值 / 044

市盈率 / 044

企业价值乘数 / 045

行业乘数 / 046

2.10 上市公司并购估值 / 047

以现金方式支付收购对价，现金来源于企业闲置资金 / 047

以现金方式支付收购对价，现金来源于企业借款 / 048

以发行股票的方式支付收购对价 / 049

本章小结 / 051

3 估值方法概述

3.1 概述 / 053

价值是一个相对概念，估值是区间而不是绝对值 / 053

估值是基于不确定条件的最佳估计 / 055

估值方法 / 056

3.2 市场法估值 / 057

可比公司估值 / 058

可比先例交易分析 / 063

3.3 收益法——现金流折现分析 / 064

现金流折现分析 / 065

估值区间 / 081

对现金流折现模型的检验 / 083

现金流折现分析的主要优缺点 / 085

3.4 收益法——杠杆收购分析 / 087

杠杆收购分析 / 089

3.5 部分加总分析法 / 094
　　部分加总分析法的基本流程 / 095

3.6 成本法估值 / 099

3.7 早期项目估值 / 100
　　计分卡估值法 / 100
　　VC 快速估值法 / 102
　　VC 风险投资法 / 103
　　参考最近融资价格法 / 104
　　行业指标法 / 106
　　本章小结 / 106

4 估值实践解读

4.1 海外收购的基本流程：非约束性报价、约束性报价与估值 / 108

4.2 重要日期：估值基准日、估值报告日、股权收购协议（SPA）签约日、股权交割日 / 110
　　估值基准日 / 110
　　估值报告日 / 111
　　股权收购协议（SPA）签约日 / 111
　　股权交割日 / 112

4.3 锁箱机制、交易账户完成调整机制 / 112
　　锁箱机制（Lock Box Mechanism） / 113
　　交易账户完成调整机制（Completion Account Adjustment Mechanism） / 115

4.4 企业价值乘数的应用与局限 / 121
为什么企业价值乘数很低,估值却不低 / 121
为什么企业价值乘数很高,估值却不高 / 122

4.5 P/B 指标的具体含义与股东贷款 / 123
P/B 指标的含义 / 123
影响 P/B 指标的因素 / 123
并购 P/B 值 / 126

4.6 并购贷款与估值 / 130
并购贷款与股东贷款的异同 / 135

4.7 项目开发权如何估值 / 136
现金流折现法 / 137
干股比例法 / 138
成本加利润法 / 138
市场先例交易法 / 139
概率加权法 / 139

4.8 权益现金流折现、账面现金与股权价值 / 140
权益现金流折现是不是股权价值 / 141
权益现金流折现、账面现金及企业价值 / 141
账面现金产生的利息收入是否应该并入权益
现金流 / 142
权益现金流折现加上账面现金作为支付对价,能否
实现预期收益率 / 143

4.9 自由现金流、权益现金流与股利现金流 / 144
自由现金流及计算公式 / 146

权益现金流及计算公式 / 147

股利现金流 / 148

不同现金流折现的计算结果 / 148

不同现金流折现方法产生差异的原因 / 149

总结 / 151

4.10 控制权溢价、流动性折价及少数股权折价 / 152

控制权溢价 / 152

流动性折价 / 154

少数股权折价 / 154

4.11 永续增长率法估值的弊端 / 157

本章小结 / 161

5 项目估值的关键驱动因素

5.1 项目估值需要重点关注的五个方面 / 164

市场前景及增长是核心驱动因素 / 164

盈利和现金流是估值的基本面，也是企业永续经营的基本前提 / 165

基础设施项目重点关注销售收入的可靠性和主要可变成本风险 / 165

财务杠杆是价格竞争力的关键制胜因素 / 166

协同效应是战略投资人提升估值的重要因素 / 167

5.2 商誉减值与高估值项目七因素分析 / 167

第一个因素：商业模式的可持续性 / 168

第二个因素：商业周期的变化 / 169

第三个因素：过于理想的协同效应 / 170

第四个因素：对未来资本性支出考虑不足 / 170

第五个因素：折现率及永续增长率 / 171

第六个因素：政策、法律等外部环境变化 / 171

第七个因素：模型错误 / 171

5.3 解读国资委《关于加强中央企业商誉管理的通知》 / 172

高溢价项目定义 / 173

商誉分摊 / 175

商誉减值的原因 / 175

6 并购案例的估值过程详解

6.1 针对投资所在国别及行业，进一步判断投资潜力与市场发展空间 / 178

6.2 研判项目，了解卖方出售动机，判断项目是否符合公司投资发展目标 / 179

6.3 历史财务分析 / 179

6.4 市场法计算 ABC 公司的估值区间 / 181

6.5 收益法——现金流折现分析 / 182

6.6 收益法——杠杆收购分析 / 189

7 估值报告的审核

7.1 有哪些第三方估值机构 / 194

资产评估师事务所 / 195

投资银行及财务顾问 / 195

会计师事务所 / 196

7.2 估值报告的审核要点 / 197

本项目的交易估值与可比公司或可比先例交易等行业指标相比,处于什么水平 / 197

针对收益法的现金流折现,明确主要驱动因素的假设依据来源 / 197

财务预测数据和历史数据相比较,是否具有可比性 / 198

关注财务杠杆及融资假设 / 198

本章小结 / 199

8 海外收购的交易流程与主要风险

8.1 海外收购的交易流程 / 200

买方和卖方 / 201

卖方流程 / 203

董事高管的职责与买方流程 / 205

8.2 海外收购的估值与主要风险 / 208

汇率是所有海外投资首要关注的风险 / 208

文化整合风险会关系到收购成败 / 209

协同效应不仅是投资价值的关键驱动因素,也是估值的不确定因素 / 210

本章小结 / 211

董事高管的领导责任

公司治理与估值人员专业要求 / 212
    一线投资人员必须具备专业估值资格 / 213
    投资估值工作需要"两双眼" / 213
    估值工作不能完全依赖外部团队，结果要由两个团队互相印证 / 213
    董事会决策要参考内部独立评审中心的评审意见 / 214
本章小结 / 214

附录

附录A 估值报告标准 / 216
附录B 投资估值常用术语表 / 225

并购案例介绍

为了更好地演示估值知识在实际工作中的应用,方便读者理解估值的基本概念,本书将以一个完整案例贯穿始终,同时也会穿插一些小案例。所有素材均来自真实的并购估值工作实践,融合了笔者多年来积攒的交易经验,全部案例及财务数据已经过脱敏处理。本书介绍的估值分析及方法具有普适性,不论是应用在能源行业、工业制造业或是基础设施类项目,其基本原理是相通的。

案例背景

出售方是德国私募股权基金 Defa(德发投资),该基金是德国 A 集团的子公司,成立于 1974 年。Defa 基金专注于私募股权、能源、基础设施和房地产资产领域,管理的资产达 120 亿美元。从成立至今,已筹资超过 390 亿美元,雇员大约 400 名,其中包括一个由 150 名专业投资人士组成的投资团队,分布在全球 18 个办事处工作。Defa 总部位于德国柏林。

Defa 作为国际知名的私募股权基金,基金有固定的存续期,通常需要在完成投资的 5~7 年内实现从被投企业的退出。目前正在出售的 ABC 公司，隶属于 Defa 第六期基金，分别于 2016、2017 年完成投资，目前已进入正常的退出周期。Defa 通常的策略是在同一或相近时间段实现从多个同期基金投资的被投企业退出，这也体现在其对上一期即第五期基金子公司的退出策略中：对于 Beta（巴西可再生能源平台，2019 年出售给法国雄能集团）、Alfa Tech（德国科技）以及 Lefa Medical（法国医疗平台）这些于 2013~2014 年完成投资的相关企业，Defa 从 2017 年开始探索投资退出，而各个资产最终退出的时间点则取决于市场环境等因素（Lefa Medical 目前仍在出售当中）。

> **小知识**
>
> 　　私募股权基金往往先筹集资金，通过投资项目实现增值，在最终退出时实现目标收益率。对于采用有限合伙形式组建的私募股权基金，存续期往往为 10 年并附带一个两年的延长期，也就是通常所说的"10+2"模式。通常来说，在私募股权基金成立后的前 3~5 年是项目投资期，而后随着项目成熟逐渐退出并收回投资资金。在 10 年存续期届满后，根据具体情况，可由普通合伙人自主判断是否再延期两年。对私募股权基金来说，投资的时候就必须设计好退出通道，这样在达到投资时限的时候，可以按照既定计划将投资变现后返还给原始出资人。简言之，发起或收购公司，招募或优化管理团队，扩大业务规模，经过 5~6 年发展成为具有一定规模的平台型公司，再出售给行业内的产业投资人或其他私募股权基金，是私募股权投资常见的商业模式。

项目基本情况[一]

ABC 公司卖方为德国私募股权基金 Defa，拥有标的公司 ABC 的 100% 股权。ABC 公司是一家德国企业，专注于生产航空、汽车发动机配件，公司客户覆盖波音、空客、奔驰、宝马、大众等知名公司。

项目公司历史发展

ABC 公司是 Defa 基金在 2016 年 7 月份收购的平台公司，并在收购后进行了管理团队的优化，以及整体技术升级改造。公司拥有相关的专利技术若干。

项目历史财务数据

截至 2021 年底，ABC 公司总资产达 5190 万欧元，其中银行负债 1500 万欧元，净资产 3500 万欧元，现金 100 万欧元。ABC 公司历史财务数据见表 1-1。

[一] 本项目描述为虚拟项目，仅供作为估值案例说明参考。

表 1-1　ABC 公司历史财务数据

（单位：千欧元）

ABC 公司历史财务数据

利润表	2020	2021	资本结构	12/31/2021
销售收入	50000	55000	银行负债	15000
销货成本	(28370)	(33000)	股东权益	35000
毛利润	21630	22000	资本总额	50000
销售、行政及管理费用	(8800)	(10500)		
EBITDA	12830	11500	资本结构（%）	
折旧摊销	(2250)	(2500)	银行负债	30%
息税前利润	10580	9000	股东权益	70%
利息费用	(600)	(600)	资本总额（%）	100%
税前利润	9980	8400		
所得税	(1497)	(1260)	现金	1000
净利润	8483	7140		

资产负债表

2021 年 12 月 31 日

现金及现金等价物	1000	应付账款		1800
应收账款	2500	其他流动负债		100
其他流动资产	300			
流动资产合计	3800	流动负债合计		1900
		长期借款		15000
		负债合计		16900
固定资产	48100	股东权益		35000
		股本		30000
		未分配利润		5000
总资产	51900	负债及所有者权益		51900

项目卖方预测财务数据

卖方的投行顾问是国际知名投行高美集团。为方便投资人进行估值,投行准备了财务模型,并在信息备忘录中提供了未来 10 年的财务关键数据(详见表 1-2)。

项目出售流程及主要时间节点

2021 年 11 月,项目卖方委托投行高美作为卖方顾问,启动出售流程。

2022 年 3 月 15 日,非约束性报价截止。

2022 年 3 月 20 日,启动第二轮竞价流程。

2022 年 5 月 10 日,约束性报价截止。

2022 年 5 月 20 日,选择中标人开始谈判。

2022 年 6 月 5 日,项目签署《股权收购协议》。

2022 年 7 月 1 日,项目完成交割。

表 1-2 ABC 公司预测财务报表

(单位：千欧元)

ABC 公司预测财务报表	历史期		预测期									
利润表	2020A	2021A	2022E	2023E	2024E	2025E	2026E	2027E	2028E	2029E	2030E	2031E
销售收入	50000	55000	61600	68992	77271	86544	96929	108560	121587	136178	152519	170822
销货成本	(28370)	(33000)	(36960)	(41395)	(46363)	(51926)	(58157)	(65136)	(72952)	(81707)	(91512)	(102493)
毛利润	21630	22000	24640	27597	30908	34617	38772	43424	48635	54471	61008	68329
销售、行政及管理费用	(8800)	(10500)	(11088)	(12419)	(13909)	(12982)	(14539)	(16284)	(18238)	(20427)	(22878)	(25623)
EBITDA	12830	11500	13552	15178	17000	21636	24232	27140	30397	34044	38130	42705
折旧摊销	(2250)	(2500)	(3080)	(3450)	(3864)	(4327)	(4846)	(5428)	(6079)	(6809)	(7626)	(8541)
息税前利润	10580	9000	10472	11729	13136	17309	19386	21712	24317	27236	30504	34164
利息收入	0	0	1	9	19	29	42	57	74	93	114	138
利息费用	(600)	(600)	(600)	(600)	(600)	(600)	(600)	(600)	(600)	(600)	(600)	(600)
税前利润	9980	8400	9873	11138	12555	16738	18828	21169	23791	26728	30018	33702
所得税	(1497)	(1260)	(1481)	(1671)	(1883)	(2511)	(2824)	(3175)	(3569)	(4009)	(4503)	(5055)
净利润	8483	7140	8392	9467	10671	14227	16004	17994	20223	22719	25515	28647
净营运资本		900	924	1035	1159	1298	1454	1628	1823	2042	2287	2562
净利润			8392	9467	10671	14227	16004	17994	20223	22719	25515	28647
折旧摊销			3080	3450	3864	4327	4846	5428	6079	6809	7626	8541
营运资本增加/(减少)			24	111	124	139	156	174	195	219	245	275
其他非现金项			0	0	0	0	0	0	0	0	0	0
经营现金流			11448	12806	14411	18415	20694	23247	26107	29309	32896	36913
资本性支出			(616)	(690)	(773)	(865)	(969)	(1086)	(1216)	(1362)	(1525)	(1708)
偿还贷款前的现金流			10832	12116	13638	17550	19725	22162	24891	27947	31371	35205
贷款本金偿还			0	0	0	0	0	0	0	0	0	0
权益现金流			10832	12116	13638	17550	19725	22162	24891	27947	31371	35205

董事高管估值
知识简明指南

估值基础

2.1 价值的分类

在投资决策中,首先要了解的是对于常见价值的定义,例如公允价值、投资价值和市场价值。在了解这些基本概念后,董事及高管就可以更清楚地知道做决策的内容是什么。

公允价值

公允价值(fair value)亦称公允市价、公允价格。公允价值的通常定义是熟悉市场情况的买卖双方在公平交易和自愿的情况下所确定的价格,或无关联的双方在公平交易的条件下一项资产可以被买卖或者一项负债可以被清偿的成交价格。在公允价值计量下,资产和负债按照在公平交易中熟悉市场情况的交易双方自愿进行资产交换或债务清偿的金额计量。

公允价值的特征是没有特定的买方和卖方。以一家饮料企业为例,可按照这家企业目前的经营状况、现金流预期来进行估值,这个估值结果就是公允价值。

投资价值

与公允价值不同，投资价值（investment value）是指资产对于具有明确投资目标的特定投资者或某一类投资者而言的价值。投资价值将特定的资产与具有明确投资目标、标准的特定投资者或某一类投资者结合了起来。这就是俗话说的"萝卜青菜，各有所爱"。

针对同一企业，不同投资者从自身市场战略、管理效率等方面来进行判断，价值各有不同。还是用上述饮料企业举例，从公允价值角度来说，这家企业的价值对所有投资人都是相同的，是无差异的。但是不同的投资者将其收购后，能够实现的价值完全不同。例如一家跨国企业在收购这家饮料企业后，可以将这家企业的产品纳入其全球销售渠道，或是让自己的产品通过这家饮料企业的销售渠道进入中国市场，带动的增量价值将远远超过这家企业的现有价值。在这种情况下，这家跨国企业自然也愿意出高价来进行收购。

市场价值

市场价值（market value）是指一项资产在交易市场上的价格，它是买方和卖方在各自理性行事且未受任何强迫的情况下，竞价后产生的、双方都能接受的价格。简单来说，市场价值就是市场实际成交的价格。

根据对以上三项价值的说明，董事高管们就可以明确企业对外投资决策的最终标准是投资价值，即企业对外投资的上限不应超过投资价值。投资价值是在公允价值的基础上，综合了特定投资人的协同效应并进行了增值。对并购中的买方来说，肯定是希望价格越低越好；对卖方来说，则是希望价格越高越好。即使在竞争最激烈的环境中，买方也不应该把将来可以实现的协同效应完全支付给卖方。因为协同效应是对未来的预期，未必完全可以实现。对卖方和买方都比较理想的情况是，最后的市场成交价格高于公允价值，但低于买方的投资价值。所以，当董事高管们授权项目团队对外投标或收购时，授权的上限就是投资价值，即项目的交易价格不应该超过投资价值。

对出售企业的董事高管们来说，则需要在出售的过程中，创造竞争性的竞拍环境，并找到最有利的买家，即可以实现最高协同效应的买家，因为只有这些买家才可能报出超出公允价值的价格。例如，某个正在出售的项目，公允价值为 5000 万元，卖方的期望值也在公允价值附近，但经过竞拍流程，最终成交价格是 9000 万元。对卖方来说，成交价格远远超出了自己的期望值。对买方来说，愿意支付 9000 万元来收购项目，说明这个项目对买方的投资价值应该高于 9000 万元。

案例解读

针对我们第 1 章所介绍的案例，如果你来自一家中国汽车配件生产企业，非常重视拓展海外市场，希望可以通过并购 ABC 公司进入海外市场，那么在对 ABC 公司进行估值时，应该以什么价值作为投资决策的依据呢？

对中国的汽车配件生产企业来说，投资决策的最终依据是投资价值。在考虑 ABC 公司的投资价值时，除了 ABC 公司自身的生产经营及财务状况，更多的是要考虑并购后是否能够充分发挥协同效应，利用 ABC 公司先进的生产技术，提升产品质量，带动企业发展。

我们可以借用另外一个场景来进行思考。如果所收购的标的是以色列的一家航空科技企业，且其产品正好涉及我国一家大型航空企业的技术瓶颈，如果可以突破这个科技瓶颈，则可以带动国内百亿的产值及市场。虽然这家以色列企业限于自身的规模和市场，每年的利润只有几百万欧元，公允价值也只有几千万欧元。但是对于特定的投资方，特别是可以带动百亿产值的协同效应来说，其投资价值可能会是十几亿欧元。所以在这种情形下，投资人即使出资几亿欧元来收购也是一笔非常划算的交易。因此，对项目投资收购价格的判断，主要取决于投资人自身可以实现的投资收益。在极端情况下，项目卖方的历史成本可能只有几百万元，但只要投资人收购项目后可以实现预期的收益水平，收购价格不论是几千万或是上亿元，都是相对合理的。当然，其前提是投资人对项目未来预期的假设是合理的。

前几年，因为中国企业的海外收购价格大幅超过市场公允价值，曾出现了"中国溢价"这个特有名词。虽然不排除某些企业因为缺少海外并购经验或是估值专业水平不高，完全依赖海外投行，导致出现收购价格过高的情况。但从另外一个角度来看，正如前文所述，如果收购标的对投资方而言具有重要的投资价值，可以帮助投资方攻克技术瓶颈，带动巨大的国内或国际市场，那么支付这个溢价就是值得的。

2.2 货币的时间价值

货币的时间价值及风险和收益，是公司金融和估值中最基本的概念。

时间是有价值的

货币的时间价值，抽象一点来说，就是在今天1元钱的价值要高于明天1元钱的价值。因为我们可以在今天用1元钱做投资，然后在明天得到超过1元钱的价值。这是我们在大多数教科书中所看到的表述。如果从追求确定性的角度出发，将这一概念表述为把今天的1元钱存在银行来获取利息可能更恰当一些。因为既然是投资，肯定会有风险。今天投资的 1 元钱，明天可能会变成 1.1 元，也可能会变成 0.5 元。

说到投资，就可以引入估值中的第二个基本概念，即风险和收益。正如上面的例子，投资者可以将持有的货币进行储蓄或用来投资，以换取未来的收益，但这笔收益必须补偿投资者为此而承担的风险。

还是用数字来举例，假如你在今天持有 10000 元的现金，你将这笔钱存入一个每年支付 3% 利息的储蓄账户。一年之后，你将获得 300 元的利息，这笔投资变成了 10300 元。在这个例子中，今天你将 10000 元存入银行，到第二年将得到 10300 元。因此，这笔投资在一年后对你而言的价值为 10300 元。这就是货币的时间价值的概念。

我们将这个简单的数学运算表述为如下公式：

10000 元按 3% 利率在第二年的价值 =10000 元 ×（1+3%）=10300 元

我们所讲的估值，其实正好是与货币的时间价值相反的结果。因为估值的基本原理是将资产在未来产生的现金流按一定的折现率进行折现后的现值。还是举刚才的例子，如果一年后的现金流是 10300 元，按照 3% 的折现率进行折现，那么今天的估值就是 10000 元。即如下公式：

一年后的 10300 元按 3% 折现率在当前的价值 =10300 元 /（1+3%）=10000 元

对于项目估值来说，无非就是把每一年产生的现金流按照折现率计算出现值，并进行求和。

风险和收益是成正比的

在上述例子中，3%（或 300 元）的收益来自一家银行，而且你完全可以确定，在一年之后，你会获得 10300 元的现金，因为这家银行是一家信誉良好的金融机构，不太可能拖欠债务。因此，将资金存在银行是一种低风险投资，当然，低收益率和低风险是对应的。银行之所以会支付给你 3% 的利息，就是为了吸引你将 10000 元存入银行，而不是放在家里，你坚信可以安全地收回这 10000 元本金和相应的利息。考虑到投资风险非常低，与此相对应的是，你也只能获得 3% 的低收益率。

现在，我们再从银行的角度看看这个过程。银行使用你的资金，需要向你支付 3% 的利息成本。但是，假如银行拿到这 10000 元，并凭借这 10000 元获得更高的收益，比如说 6%，那么，银行将获得 600 元的收益，而实现这个收益的成本却只有 300 元，在这个过程中，银行取得的净利息差为 300 元（600 元 –300 元 = 300 元）。银行通过发放贷款来赚取收益并非没有风险。银行需要承担借款人不能偿还贷款的风险。你将自己的资金存入银行的储蓄账户，银行则通过贷款将这笔钱投资于需要资金的个人，或是需要资金创建工厂或收购其他公司的企业。这些借款方不能向银行返还贷款的风险，远高于银行不能向你返还存款的风险。既然银行承担的风险高于你承担的风险，自然也应该取得更高的回报。这也是一个体现风险和收益相对应的例子。

对一家公司来说，对外投资或是并购，可以说是上述资金链条的延续。企业对外投资，不论是开发建设绿地项目还是并购项目，大多数情况下需要向银行进行融资。例如，企业从银行获得的贷款成本是 6%，那么企业要想取得收益，并购项目或项目投资的收益率至少要大于 6%。项目的风险越高，企业期望获得的收益率越高，才能弥补在风险发生时造成的损失。

对风险投资行业来说，投资项目大都发生在早期，投资 10 个项目，或许最终只能成功一个，所以风险投资行业对每个项目所要求的投资收益率都要达到 50%~70%，甚至更高；对私募股权投资公司来说，其投资的企业偏向成熟，风险辨识度较高，所以私募股权投资要求的投资收益率通常为

20%~30%。对于大型的工业和基础设施项目，其商业模式更为成熟，市场也较为稳定，业务收入和成本可预测性强，波动性小，所以要求投资收益率为10%~15%就很好了。对于发达国家的基础设施项目，因为收益稳定，风险较低，贷款利率低于2%，所以项目的收益率也只有5%~6%。

案例解读

这次我们站在卖方的角度来考虑。在第1章的案例中，假设Defa基金自身的收益率基准要求是15%，从2016年开始投资资本金收购项目或投入新项目的建设资金。从2016年至今，Defa基金所投资的公司从未派发过任何股利，也未支付股东贷款利息或偿还股东贷款。对卖方来说，如果要实现15%的投资收益率，卖方在出售的时候，最低的售价应该是多少呢？

这就会用到一个简单的时间价值的计算公式。假设卖方的资本金投入如表2-1所示，为了简单说明问题，我们假设卖方的资本金投入时间是在每年的年初。

表2-1 资本金投入

（单位：亿美元）

年份	2016	2017	2018	2019	2020	2021
资本金	10	10	3	3	2	
终值	23.13	20.11	5.25	4.56	2.65	

根据表2-1中的数据，对于2016年初投入的10亿美元，如果要求每年的投资收益率为15%，按复利计算，从2016年初到2021年末，正好是6年时间，那么2016年初的投入到2021年末期望的价值为 $=10\times(1+15\%)^6=$ 23.13亿美元。以此类推，2017年初投入的10亿美元，到2021年末期望的价值为 $=10\times(1+15\%)^5=20.11$ 亿美元。把所有的终值加起来，就是55.7亿美

元。也就是说，如果卖方自身设定的投资收益率目标是15%，从项目开始投入到6年后最终退出，因为这6年期间卖方没有获得过任何分红，因此卖方的收益率取决于最终的出售价值。按照上述计算，可以推测出卖方出售的价格底线应该是55.7亿美元。

从静态指标来看，Defa基金历史累计投入了28亿美元，如果要达到15%的投资收益率要求，最低股权出售价格为55.7亿美元。所以，仅从账面数据来看，卖方历史投入28亿美元，售价底线55.7亿美元减去历史成本，意味着27.7亿美元的溢价水平。从这个角度也可以理解，为什么很多国际项目并购都需要支付比较高的溢价，哪怕所并购的项目投产时间不长。这就是货币的时间价值。当然，这里的假设前提是项目盈利可以满足预期。毕竟，卖方在开始进行投资的时候就会假设项目股本投资内部收益率不低于15%。即使不卖出项目股权，也会从项目后期的现金流回报中获得15%的收益率。至于卖方最终实现的售价是多少，则要取决于出售的时机、宏观环境、交易竞争是否激烈等多种因素。

2.3 基准收益率与折现率

在上一节，我们知道估值就是将未来现金流以折现率进行折现，这个折现率也是通常所说的投资人的期望收益率或是基准收益率（benchmark yield）。那么，针对不同类型的项目，或是去不同的国家投资，如何来确定投资者的基准收益率水平呢？

对投资人来说，投资的基准收益率也称为股本收益率，或是从另外一个角度来说称为股本成本。投资人从银行融资会有借款成本，同样，投资人使用自己的资金进行投资也是有成本的,这个成本就是我们所说的股本成本。项目实现的收益率水平要大于股本成本,才能创造价值。那么,如何来确定这个股本成本呢?

对于股本成本或是投资人基准收益率的确定有不同的方法,我们先以简单的方式来说明⊖。项目投资的合理收益至少要包括三个方面,即贷款利息、管理报酬和风险报酬,如图2-1所示。

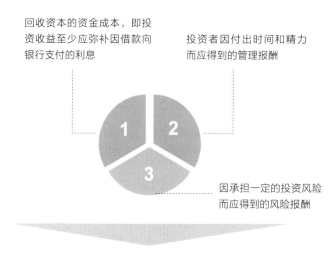

投资收益 = 贷款利息 + 管理报酬 + 风险报酬

图2-1 基本收益率构成

仅仅使用银行贷款利率来计算折现率是不妥的,因为投资就要获取投资收益,对于投资者来说,应该把期望的最低投资收益率作为投资决策的"门槛"折现率。实际上,投资者会按项目资本的成本、项目筹办的难易程度及将来所承担风险的大小来确定其对项目投资的最低收益率。

⊖ 需要特别说明的一点是,本书不是专业的学术著作,仅为便于理解,将复杂的理论转化为相对简单的方式。

除了上述方法，更为专业的确定股本成本的方法，如经典的资本资产定价模型，公式为：

$$K_e = R_f + \beta \times (RP_m)$$

其中：K_e 代表权益资本成本，即我们所说的股本成本，R_f 代表无风险利率，β 代表对市场变动的敏感度，RP_m 代表市场风险溢价。

在这个公式中，无风险利率也就是无风险的收益率，通常用10年期的国债收益率作为无风险收益率指标。贝塔值代表单一证券（或者证券组合）的超额收益对市场超额收益的敏感性，市场指数在国际上常常选用标普500指数或者纽约证券交易所综合指数，在国内通常选择上证综合或者对应综合市场的指数。

在实际应用中，根据国别风险和规模风险，又有不同的衍生公式。

$$K_e = R_f + \beta \times (RP_m) + 规模溢价 + 国别风险溢价$$

在经典的资本资产定价模型的基础上，又分别加上了规模溢价和国别风险溢价。对规模溢价来说，实证认为，越小的公司风险越高，基本的资本资产定价模型没有考虑到这部分风险，因此需要根据公司规模进行溢价调整。由注册估值分析师协会发布的《中国企业资本成本参数》列出了不同市值规模的公司应考虑的规模溢价。

国别风险溢价则更易于理解。中国投资者去海外投资，对于不同的国家，投资的风险不同，要求的投资收益率也不同。对成熟的发达国家，投资的风险较低，国别风险就较低。对发展中国家，投资的风险高，要求的投资收益率也应该较高。对于国别风险溢价，四大会计师事务所通常参考达摩达兰教授发布的国别风险研究论文或是美国评估机构所发布的参数。但是，需要特别留意的一点是，不论是美国的知名教授或是美国的权威机构所发布的参数，所有的参照系都是以美国为基准。对中国投资者来说，视角肯定与美国存在差异。未来随着中国估值学术组织的发展，希望可以发布以中国为基准的国别风险溢价参数。

这部分内容相对专业，有兴趣的读者可以参阅注册估值分析师协会每年颁布的《中国企业资本成本参数》来详细了解。总体上来说，资本资产定价模型代表的是风险越高、股本成本越高，充分体现了我们在第一节所描述的风险和收益成正比的基本原理。

（关注注册估值分析师协会公众号 CNCVA，回复资本成本参数，下载最新版《中国企业资本成本参数》）

2.4 重要的财务报表与财务指标

估值主要是依据历史财务数据对未来财务数据进行预测，或是在没有历史财务数据的情况下，依据项目的可行性研究，直接对项目未来的财务绩效进行预测。因此，首先要掌握财务报表的基本概念和重要的财务指标。核心财务报表主要由如下三张报表组成：①利润表；②资产负债表；③现金流量表。财务报表可用于衡量公司实际完成的经营成果和财务状况。董事高管们也需要掌握最基础的财务报表内容及关键财务指标的含义。

利润表

利润表（income statement）反映了公司在一段时期内（如每季度或每年）的财务业绩。它衡量的是公司的盈利能力，而资产负债表则是公司特定时点财务状况的写照。

利润表的第一个科目是公司的当期收入（或销售额）。从销售收入中扣除一系列费用，即可得到公司在此期间实现的净利润或收益。费用是公司为创造收入而发生的所有费用，如销货成本、工资、销售费用、所得税等。财务费用就是利息支出，因为借款发生的成本也是开展经营活动的必要支出，另外还有支付给政府的税款。

销售收入对估值来说是最重要的一项预测。不论是现金流还是变动成本，都和销售收入紧密相关。因此，对估值来说，一项核心的工作就是对销售收入的驱动因素进行详细分析。销售收入的可预测性越强，估值就越可靠。

销货成本是指已销售产品的生产成本或已提供劳务的劳务成本及其他销售成本。销货成本和销售收入紧密相关。

毛利润是销售收入减去销货成本。毛利越高，说明项目的盈利能力越强。我们可以通过毛利率这个指标来衡量历史经营情况的稳定性。如果历史毛利率水平比较稳定，预测时就可以采用历史平均毛利率作为预测毛利率。

$$毛利率 =（销售收入 - 销货成本）/ 销售收入 \times 100\%$$

EBITDA（earnings before interest, tax, depreciation and amortization）即息税折旧摊销前利润。EBITDA 是指公司资产创造且未支付债权人和税款之前的指标。这个指标是重要的估值指标，因为没有扣除折旧，但扣除了相关的成本支出，因此 EBITDA 也是现金流的一个替代指标。另外，EBITDA 也没有扣除财务费用，所以不受资本结构的影响。在估值实践中，EBITDA 常常用来计算企业价值（enterprise value，EV）。通常所说的企业价值乘数乘以 EBITDA，就可以直接得出企业价值。因为 EBITDA 和净利润相比，既不受折旧政策也不受资本结构的影响，所以在不同企业间更具有可比性。同时，我们也可以计算 EBITDA 利润率。

$$\text{EBITDA 利润率} = \text{EBITDA} / \text{销售收入}$$

折旧摊销（depreciation & amortization，D&A）是指固定资产在相关期间转入费用的部分。需要注意的是，折旧摊销并非总在财务报表中单独列示。在标准的财务报表中，折旧摊销包括在销货成本中。本案例的财务报表为更好地列示相关科目，将折旧费用进行了单列。虽然折旧费用在利润表中被列为成本，但折旧摊销并非现金支出。因为投资行为在之前已经发生，只是在会计上为了更好地匹配每年产生的收入和成本，因此将历史上一次性发生的投资平均分摊到未来的年份。比如项目投资主要的设备价值1亿元，可以使用10年，则在不考虑残值的情况下，采用直线法折旧，每年的折旧额就是1000万元。所以说，折旧并不是当年的现金流出。

$$\text{折旧} = \text{固定资产原值} \times (1 - \text{残值率}) / \text{折旧年限}$$

摊销与折旧类似，摊销的形成往往与无形资产、开办费等相关联，它们可以在较长时间内为公司的业务和收入做出贡献，所以其购置成本也要分摊到各年才合理。与固定资产折旧不同，摊销没有残值，且最长摊销期限为10年。因为摊销的费用相比固定资产折旧来说要小很多，所以摊销和折旧往往被放在一起进行披露。

$$\text{摊销} = \text{无形资产、开办费等待摊资产} / \text{摊销年限}$$

EBIT（earnings before interest and tax）即息税前利润，是另一个常用的财务指标，它代表了扣除利息和税收之前的收益。同时，我们也可以计算EBIT利润率。

$$\text{EBIT 利润率} = \text{EBIT} / \text{销售收入}$$

EBT（earnings before tax）即税前利润，也称为利润总额，也就是所得税前利润。虽然利润总额在估值中并不经常使用，但对央企来说，这也是一项很重要的考核指标，因为利润总额是国资委考核央企的"一利五率"（即利润总额、净资产收益率、资产负债率、营业现金比率、研发占比率和全员劳动生产率）指标之一。

净利润是财务年度全部收入减去成本后的结果。净利润为正，说明企业盈利；净利润为负，说明企业亏损。同时，我们也可以计算净利率。

$$净利率 = 净利润 / 销售收入$$

每股收益（earnings per share）是指每股股权享有的净利润（按净利润除以已发行股份的数量计算）。

净利润或每股收益也是估值中经常使用的指标。私募股权投资公司最常使用的估值指标市盈率，就是用股权价值（equity value）除以净利润，或是股价除以每股收益得出的。反之，如果私募股权公司估值的标准是15倍市盈率，目标企业的净利润是1000万元，那么目标企业按市盈率估值的股权价值就是1.5亿元。

$$市盈率 = 股权价值 / 净利润 \text{ 或 } 市盈率 = 每股价格 / 每股收益$$
$$股权价值 = 市盈率 \times 净利润 \text{ 或 } 每股价格 = 市盈率 \times 每股收益$$

股利（dividend）是股东凭借出资获取的资本收益，公司从当年净利润或留存收益中向股东派发股利。公司当年派发股利后剩余的净利润会结转为资产负债表的未分配收益科目。同时，我们也可以计算股利收益率。

$$股利收益率 = 股利 / 股权价值 \text{ 或}$$
$$股利收益率 = 每股股息 / 股票价格$$

> **小知识** 营业利润、利润总额、净利润的区别

我们经常看到不同的财务指标,包括上文提到的营业利润、利润总额和净利润。不同利润指标的计算公式也不一样。

营业利润 = 营业收入 − 营业成本 − 营业税金及附加 − 销售费用 − 管理费用 − 财务费用 − 资产减值损失 + 公允价值变动净收益 + 投资净收益

利润总额 = 营业利润 + 营业外收入 − 营业外支出

所以,利润总额和营业利润的主要区别在于企业是否存在营业外支出。所谓营业外支出,是指除主营业务成本和其他支出外的各项非营业性支出,例如罚款支出、捐赠支出、非常损失等。简单来说,营业外支出不是企业正常的经营性支出。通常在估值的财务预测中,都会简单地假设营业外支出的发生额为0。在这种情况下,利润总额和营业利润的金额就是相同的。国资委考核指标中的营收利润率也是用营业利润除以销售收入。

营收利润率 = 营业利润 / 销售收入

净利润 = 利润总额 − 所得税费

从公式可以直接看出,利润总额和净利润的区别就是所得税的支付。

营业利润是企业最基本经营活动的成果,也是企业一定时期内所获得的利润中最主要、最稳定的来源。利润总额是指企业在生产经营过程中获得的各种收入扣除各种耗费后的盈余,反映企业在报告期内实现的盈亏总额,也就是人们通常所说的盈利。利润总额是衡量企业经营业绩

的十分重要的经济指标。净利润（收益）是指在利润总额中按规定交纳了所得税后公司的利润留成，一般也称为税后利润。净利润是反映企业经营的最终成果。净利润多，说明企业的经营效益好；净利润少，企业的经营效益就差。同时，公司股利派发也要以净利润为基准。公司账面有钱，但没有净利润或未分配收益，也不能派发股利。或是公司实现了净利润，但是账面没有可派发的现金，那么也不能派发股利。我们经常发现很多上市公司每年都有不菲的净利润，但是从来不派发股利。这就存在两种可能，一种可能是公司面临较好的增长机会，公司利润也是真实的，但盈余现金都用于新增项目投资，因此没有额外现金用于派发股利。另外一种可能就是利润是会计做账做出来的，公司没有实际现金流，因此也就没钱用于派发股利。

什么是财务报表的常规化调整

除正常的销售收入及成本外，公司通常还需在利润表中单独列示一次性或非经常性开支，包括汇率变动、会计政策变更和重组并购等一次性成本对公司损益的影响。需要特别注意的是，估值关键的一步是通过对公司历史财务报表进行分析，指导未来的预测。因此，如果公司历史财报数据中包括这些一次性的收益或成本，但这些收益或成本并非经常性的，如果以此作为未来预测的基础，就会产生偏差。例如，企业的净利润中包括了一项政府补贴3000万元，但政府补贴是一次性的，如果要预测企业未来的财务数据，首先就需要剔除这些一次性财务数据的影响。因为在未来的持续经营中，一次性的收入或成本都不是可持续的。这个调整过程，也叫作财务报表的常规化调整。

我们用表2-2来举例说明。

表2-2 财务报表常规化调整前

（单位：万元）

年份	2019	2020	2021
销售收入	1200	1300	1350
销货成本	800	1100	950
毛利率	33.3%	15.4%	29.6%
EBITDA	400	200	400
折旧摊销	100	110	120
息税前利润	300	90	380
财务费用	50	50	50
税前利润	250	40	330
净利润	187.5	30	247.5

从表2-2中的数据来看，企业2020年实现的净利润水平大幅低于2019年和2021年。通过调查发现，2020年企业的销货成本中包括了200万元的一次性存货减值损失，而且可以确认这种存货减值损失并不是经常性发生，所以，我们就可以先把这部分存货减值损失从销货成本中扣除掉，然后再计算相关的历史财务比率，如表2-3所示。这个过程就是财务报表的常规化调整。

表2-3 财务报表常规化调整后

（单位：万元）

年份	2019	2020	2021
销售收入	1200	1300	1350
销货成本	800	900	950
毛利率	33.3%	30.8%	29.6%
EBITDA	400	400	400
折旧摊销	100	110	120
息税前利润	300	290	380
财务费用	50	50	50
非经常性支出		200	
税前利润	250	40	330
净利润	187.5	30	247.5

资产负债表

资产负债表（the balance sheet）衡量公司在某个时间点上的资产和负债情况，就好比拍照片一样，快门一按，这个瞬间的图像就保留下来了。资产负债表反映的就是报告日的瞬间财务状况。

什么是资产负债表恒等式

资产负债表代表了公司在资产负债表日所拥有的资产（其资产）以及外部对这些资产（负债和所有者权益）的索取权。资产负债表上的数值可能不同于报表日前一天或后一天的数值。此外，资产负债表永远必须是"平衡"的，也就是说，资产必然等于负债与所有者权益之和。

$$资产 = 负债 + 所有者权益$$

假设我们有一个项目，项目投资总额为 1000 万元，这 1000 万元用来购买生产设备。这部分将列示在资产负债表的左边。资产负债表的资产项可以理解为资金的使用。

为了筹集所需要的 1000 万元，我们向银行借入了 500 万元，同时利用自有资金投入了 500 万元。这部分自有资金投入就是所有者权益。因此，资产负债表的右边可以理解为资金的来源。项目的资产负债表如表 2-4 所示。

表 2-4　资产负债表

（单位：万元）

资产		负债和所有者权益	
厂房和设备	1000	债务（银行贷款）	500
		所有者权益	500
总资产合计	1000	负债及所有者权益合计	1000

资产负债表恒等式也可以理解为资金的使用等于资金的来源。我们可以在任意一天对资产负债表进行评估,尽管资产负债表通常是在报告期结束时编制的,譬如季度末或财务年度的年末。公司在编制财务报表时,通常需要同时编制期初的资产负债表和期末的资产负债表。两者分别反映报告期初和报告期末时点的资产和负债情况。

什么是流动资产和流动负债

流动资产(current assets)和流动负债(current liabilities)分别指公司在一年或一个经营周期内变现或者运用的资产(如应收账款),或是应支付给第三方的负债(如应付账款)。但如果经营周期不到一年,那么,一年就被视为划分"短期"和"长期"的依据。大多数公司的经营周期低于一年。

在资产负债表中,这些科目按流动性或转换为现金(针对资产)或必须以现金支付(针对负债)的可能性列示。因此,流动资产始终处于资产负债表中"资产"部分的最上部,而流动负债则始终列示在资产负债表中"负债和所有者权益"一侧的最上部。正常情况下,现金总是排在第一位的流动资产。

什么是固定资产

固定资产(plant assets or fixed assets)包括土地、房产和设备。固定资产分别按总额和扣除累计折旧后的余额列示在资产负债表上,累计折旧是指固定资产在各会计期间结束时确认的折旧额的合计数。

资产负债表中还包括其他长期资产(long-term assets)和无形资产(intangible assets)。知识产权和专利权是典型的无形资产(也是长期资产)。商誉是另一项重要的无形资产,它是指为收购目标公司而支付且超过可辨认净资产价值的那部分金额。

什么是负债

负债（liability）是指借款人对贷款人或投资者在未来特定时日偿还借入资金的义务。债务是公司的负债，通常根据债务类型列示在资产负债表上。必须在一年内偿付的债务被视为短期负债，而到期日（必须偿还资金的日期）超过一年的债务则被视为长期负债。短期债务是流动负债中一个单独列示的科目，而长期负债通常接近于负债的最后部分，这符合其长期的属性。

什么是有息负债

有息负债（liability with interest）是估值当中经常用到的一个专有名词，也经常用来在企业价值和股权价值之间进行转换。顾名思义，有息负债就是指支付利息的负债，例如短期借款、长期借款、融资租赁形成的负债等。注意，应付账款、应付工资、应付税金这些科目虽然也是负债类科目，但不需要支付利息，因此就不属于有息负债。

什么是净负债

净负债（net indebtedness）也是估值当中经常用到的一个专有名词。其计算方法是有息负债减去现金及现金等价物。

$$净负债 = 有息负债 - 现金及现金等价物$$

什么是所有者权益

所有者权益（equity）或净资产的持有人对履行或支付全部负债后的资产余额享有索取权；他们有权取得扣除包括债务在内的所有义务后的剩余权益。

所有者权益包括优先股和普通股。优先股股东享有优先获得股息的权利，此外，在清算中的受偿顺序也优于普通股股东（也就是说，在破产时，优先股股东会先于普通股股东获得偿付)。普通股股东不享有取得优先股息的权利,但有权获得偿付债权人和优先股持有人后的全部剩余收益。并非所有公司都有优先股股东,但所有公司必定都会有普通股股东。

什么是非控股股东权益/少数股东权益

非控股股东权益/少数股东权益(minority interest)是在合并报表时出现的科目。在母公司拥有子公司股份不足100%,即只拥有子公司净资产的部分产权时,子公司股东权益的一部分归母公司所有,即多数股权,其余仍属外部其他股东所有。在合并报表时,会同时将子公司的资产及负债100%合并进来,因此,不属于母公司的股份就通过非控股股东权益/少数股东权益的科目进行单独列示。

现金流量表

现金流量表(cash flow statement)能够反映公司创造的实际现金流。利润表反映的是公司在一段时期内的收益。但是在计算收益时,需要在收入中扣除很多非现金项目(如折旧)。现金流量表之所以尤为重要,是因为它反映了真实的现金流入和流出。无论投资者还是债权人,最关心的就是公司现金流的健康状况,因为严重的现金短缺会对公司为增长筹集资金或履行未来偿债义务的能力造成严重影响。我们可以将现金流量表划分为三个部分。

第一部分称为"经营活动产生的现金流",它反映的是与企业日常经营有关的现金流量。这部分现金流量以净利润为基础,并对利润表中列示的所有非现金费用进行调整,其中包括折旧摊销。资产负债表中与公司经营活动相关的变更,例如递延税项变动和营运资本变动,也需要在计算经营活动现金流量时予以调整。按照我国会计准则,财务费用属于融资活动现金流,所以我们要在净利润的基础上将财务费用加回。

第二部分称为"投资活动产生的现金流",主要为购置资产、土地或收购其他公司而支付的现金。此外,通过出售资产或处置子公司而收到的现金也包括在其中。

第三部分称为"筹资活动产生的现金流",与公司为购置资产筹集资金的方式有关。这个部分需考虑与债务和股权持有人相关的所有现金变动,包括支付股息、支付利息、发行或偿还债务以及股票的发行或回购等。

将上述三个部分计算的现金流净额加在一起,即可得到会计期间创造的净现金流总额。此期间的现金流也被称为会计期间现金变动总额,将这个数字与期初资产负债表中的现金余额相加,即可得到期末资产负债表的现金余额,如表2-5所示。

表2-5 现金流量表(2022年)

(单位:百万元)

经营活动产生的现金流	
净利润	19
折旧摊销	217
财务费用	310
营运资本的变动	−45
其他	8
经营活动带来的现金流量	510
投资活动产生的现金流	
资本性支出	−593
资产及负债的其他变动	
投资活动带来的现金流量	−593

(续)

筹资活动产生的现金流	
支付的普通股股利	−25
长期负债的变动	213
财务费用	−310
股本金投入	241
筹资活动带来的现金流量	119
期初的现金余额	588
现金变动合计	37
期末的现金余额	625

2.5 净现值、内部收益率与投资回收期

不论在哪个行业，项目处于什么阶段，采用定性分析还是定量分析，判断项目是否可行，最终都要归结于项目投资决策指标。本节的主要目的就是对投资决策指标进行简要分析，帮助董事高管们理解这些指标的基本含义、局限性以及如何在工作中进行正确的应用。

常用的投资决策指标主要有净现值、内部收益率与投资回收期。

净现值

净现值（net present value），就是在项目计算期内，按行业基准折现率或其他设定的折现率计算的各年净现金流量现值的代数和。换句话说，项目投入在数学上表示为负值，项目投产后产生的正现金流就是项目的收益（负现金流就代表负的收益），按照时间价值的计算方式，将各年的现金流进行折现

后求和，即可得到净现值。

净现值也可理解为投资方案所产生的现金净流量以资金成本为贴现率折现之后与原始投资额现值的差额。净现值法就是按净现值大小来评价方案优劣的一种方法。净现值大于零则方案可行，且净现值越大，代表方案越优，投资效益越好，或者说创造的价值越多。

从数学计算上来说，在现金流相同的情况下，折现率越高，净现值越小。这一点也很好理解，例如将100元以10%的折现率向前折现1年，那么现值就是100/（1+10%）=90.91元，如果以更高的折现率12%向前折现1年，那么现值就是100/（1+12%）=89.29。我们再看表2-6所示的这个例子。

表2-6 现金流示例

（单位：元）

第×年	0	1	2	3	4	5
现金流	-1000	300	300	300	300	300

假设按照表2-6的现金流分布，在不同的折现率情况下，我们计算出项目的净现值，见表2-7和图2-2。

表2-7 净现值计算

（单位：元）

折现率	净现值	折现率	净现值
8%	198	15%	6
9%	167	16%	-18
10%	137	17%	-40
11%	109	18%	-62
12%	81	19%	-83
13%	55	20%	-103
14%	30	21%	-122

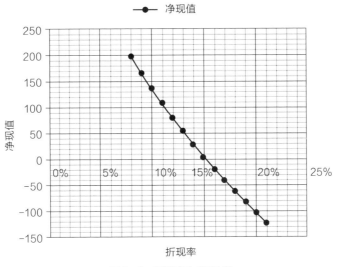

图 2-2　折现率与净现值

项目净现值与项目的投入及项目后续产出有直接关系。除此之外,最为重要的一个因素就是折现率了。从上面的例子可以看出,针对同一现金流,折现率越高,净现值越小。

对投资人来说,折现率代表着资金成本。计算净现值需要按资金成本进行折现,如果净现值大于 0,说明项目创造的价值大于资金成本,能为股东创造价值,项目可行。净现值小于 0,说明项目回报小于资金成本,带来的是价值的损失,则项目不可行。

内部收益率

内部收益率(internal rate of return,IRR),就是资金流入现值总额与资金流出现值总额相等、净现值等于零时的折现率。如果不使用计算机,内部收益率要用若干个折现率进行试算,直至找到净现值等于 0 或接近于 0 的那个折现率。如果从图 2-2 中来看,内部收益率就是净现值曲线和横轴相交的点，也就是净现值为 0 时的折现率。

内部收益率的隐含含义——再投资收益率

除了用净现值等于 0 时的折现率这个概念来理解内部收益率，还有什么更好的理解方式吗？从另一个角度来说，内部收益率是初始投资到投资期末的复合收益率，也可以理解为再投资收益率。

我们还是以表 2-6 为例来进行说明，在初始投资为 1000 元、之后每年现金流为 300 元的情形下，计算得出的结果为 IRR 约等于 15%（15.2382%）。用初始投资 1000 元来计算 5 年的复利终值，那么结果约等于 2032 [1000 × $(1+15.2382\%)^5$]。所谓再投资收益率，是指项目收到的现金流，再以 IRR 为标准投资出去。例如，在第 1 年实现的 300 元现金流，假设再以 IRR 为标准投资出去，那么到第 2 年就增值为 300 元 ×（1+15.2382%）=346 元。同理，第 2 年实现的 300 元现金流还要继续以 IRR 来再投资。以此类推，到第 5 年末，我们可以看到累计实现的收益合计是 2032 元。这个数据和年初投资按内部收益率进行复利计算的结果是完全一致的（见表 2-8）。

表 2-8 再投资收益率示例

（单位：元）

第 × 年	0	1	2	3	4	5
投资额	-1000	300	300	300	300	300
IRR	15.2382%					
第 1 年		300	346	398	459	529
第 2 年			300	346	398	459
第 3 年				300	346	398
第 4 年					300	346
第 5 年						300
合计						2032

理解了内部收益率中隐含的再投资收益率的概念后，再去理解内部收益率的局限性就比较容易了。在实际业务中，再投资收益所隐含的假设就是投资人要不断地将项目产生的现金流以和 IRR 相同的内部收益率进行再投资。如果投资人在收到现金流后并没有实现再投资，那意味着什么样的收益率呢？假设每年产生的现金流完全沉淀在公司，且没有任何收益，那么到第 5 年末的时候，将每年产生的 300 元现金流静态求和的结果是 1500 元，按初始投资为 1000 元、5 年后实现的终值收益是 1500 元来进行收益率反算，我们发现在这种情况下，复利由原来的 15.2382% 降低为 8.4%。

投资回收期

投资回收期（payback period）就是使累计收益等于最初的投资费用所需的时间，也即通过资金回流量来回收投资的年限。投资回收期的概念非常亲民，不论有没有学过财务知识，人们做投资决策的时候最先考量的就是"我投资了 100 万元，什么时候可以先把本金收回来"。这个收回本金的期限，就是投资回收期。

投资回收期按是否考虑时间价值，又可以分为静态投资回收期和动态投资回收期。静态投资回收期是在不考虑资金时间价值的情况下，以项目的净收益回收其全部投资所需要的时间。投资回收期可以自项目建设开始年算起，也可以自项目投产年开始算起，应在投资文档中注明。动态投资回收期，就是在考虑时间价值后，按每年现金流折现后的数据来计算投资回收期。

投资回收期指标容易理解，计算也比较简便；项目投资回收期在一定程度上代表了资金的回收速度。显然，资金回收速度越快、回收期越短，风险越小，盈利越多。对于那些技术更新迅速的项目、资金相当短缺的项目，或未来的情况很难预测而投资者又特别关心资金风险的项目，进行投资回收期分析是特别有用的。

2.6 财务杠杆与内部收益率

一般情况下，内部收益率大于等于基准收益率时，表明该项目可行。在项目投资决策中，根据分析层次的不同，内部收益率有全投资内部收益率（也称为项目内部收益率，简称 PIRR）和股本金内部收益率（也称为资本金内部收益率或权益内部收益率，简称 EIRR）。

全投资内部收益率是假设不考虑任何财务杠杆情形下的收益率。股本金内部收益率是在考虑财务杠杆之后，投资人的股本金投入所产生的投资回报。

全投资内部收益率和股本金内部收益率及银行贷款利率，这三者之间的关系也比较容易理解。举例来说，如果一个项目投入 100 元，1 年后可以实现 10% 的收益率，在没有任何银行融资的情况下，全投资内部收益率是 10%；如果投资人完全不考虑银行融资，全部用自己的资金投入，那么投资人实现的收益率就是 10%。如果投资人用 5% 的银行利率去借款 50 元，自己也投入 50 元，项目依然会产生 10 元收益，不过需要先减去银行的利息成本后，剩余 7.5（10-50×5%）元才是投资人的收益。在后一种情况下，我们发现，投资人通过借助财务杠杆，将投资收益率由 10% 提升为 15%（7.5/50×100%）。如果投资人只出 10 元，其余 90 元都采用银行借款，那么一年后投资人的收益率就是 55%［（10-90×5%）/10］。我们从简单的数据计算可以看出，自有资金投入越少，银行借款越多，也就是财务杠杆越高，投资人的自有资金收益率就越高。当然，投资人借助财务杠杆可以提升收益率的前提是，项目收益率要大于银行借款成本（利率），这样才能体现资金的杠杆效应。相反，如果项目的收益率只有 10%，但银行借款利率要 15%，那么我们就会发现，借款越多，投资人的收益率会越低。

财务杠杆对投资人来说是双刃剑。采用较高的财务杠杆虽然可以提升股本金收益率，但财务杠杆越高，财务风险就越高，项目一旦出现下行风险，则很有可能引发现金流风险。

在实际操作中，很多公司都设置了最低股权收益率的要求，但是没有约定财务杠杆比例。所以，董事高管们在审查项目投资建议书的时候，不仅仅要关注项目实现的股权投资收益率，还要看假设的财务杠杆比例。这样，在不同项目之间有相对可比性，更方便做出决策。

2.7 项目投资决策指标的局限性

理解了净现值、内部收益率和投资回收期的概念后，我们再来看一下各个指标的局限性。

净现值的局限性

净现值是财务教科书中最为重视的指标之一，因为净现值代表创造的新增价值，而且是绝对值，特别是在几个项目之中只能选一个的情形下，净现值无疑是最佳指标。如表 2-9 和图 2-3 中的项目 A 和项目 B。

表 2-9　投资决策指标

（单位：万元）

项目 A（第 × 年）	0	1	2	3	4	5
投资额	-500	160	160	160	160	160
IRR	18%					
折现率	12%					
净现值	77					

（续）

项目B（第×年）	0	1	2	3	4	5
投资额	-1000	300	300	300	300	300
IRR	15%					
折现率	12%					
净现值	81					

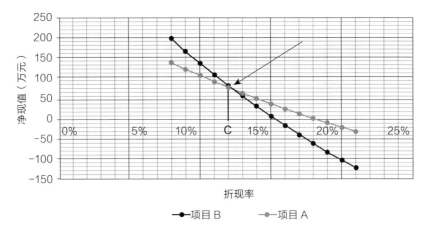

图2-3 互斥项目

从表2-9可以看出，项目A具有较高的内部收益率，项目B虽然内部收益率较低，但是有较高的净现值。从图2-3中的曲线来看，两条曲线有个交叉点C，也是项目A和项目B在不同折现率情形下所对应的净现值高低的分界点。当折现率在C点左边时，项目B具有较高的净现值；在C点右边时，项目A具有较高的净现值。

参考净现值的优点是可以衡量绝对值的增加，通过绝对值比较，可以选出价值增加最大的项目。但是净现值的局限性在于折现率的确定。折现率不同，对净现值的影响较大，且折现率的确定较为复杂，不论是加权平均资本成本还是资本资产定价模型,相关数据取值都不存在绝对的标准。

在实际工作中,更多的是衡量项目的相对收益,也就是主要采用内部收益率作为投资判断的指标。

内部收益率的局限性

内部收益率的计算简单,只需要有现金流就可以计算,而且计算结果很容易和目标收益率进行比较。特别是在实际应用中,企业投资决策的主要依据就是内部收益率是否满足公司的门槛收益率要求。因此,在多数情况下,内部收益率就成为公司项目投资决策的主要参考指标。但是,内部收益率的应用也有一些局限性,需要特别注意。

内部收益率只适用于常规现金流分布,所谓常规现金流分布,就是前期为现金流出、后期为现金流入,在整个项目周期内,现金流的正负号只变化一次。这里涉及数学公式求解问题,简单来说,IRR 求解是一元 n 次方程,如果现金流无正负号变化,则无解,即不存在内部收益率;若正负号变化一次,则方程会有唯一解。若现金流正负号变化两次或两次以上,则会存在 IRR 多解的情况。如表 2-10 所示不规则的现金流。

表 2-10　现金流变化

(单位:万元)

0	1	2	3	4	5	6	7
−2000	1000	−500	4000	−1000	6000	0	−9000

$$-2000 + \frac{1000}{1+x} - \frac{500}{(1+x)^2} + \frac{4000}{(1+x)^3} - \frac{1000}{(1+x)^4} + \frac{6000}{(1+x)^5} + \frac{0}{(1+x)^7} - \frac{9000}{(1+x)^8} = 0$$

按照净现值等于 0 的结果,我们可以列出上面的数学公式,求 IRR 的过程，也就是解一元 n 次方程。n 次方程应该有 n 个解（其中包括负数根和重根），很明显，负根并无经济意义。只有正实数根才能是项目的 IRR，而方程的正实根可能不止一个。n 次方程式的正实根的数目可用笛卡尔符号规则进行判断，即正实根的个数不会超过项目现金流量序列（多项式系数系列）的正负号变化的次数 p（如有系数为零，则按无符号处理）。从数学结论上来说，项目的现金流求解出来的 IRR 的个数取决于现金流的序列由正转负或者由负转正的次数，假设这个次数为 p：

如果 $p=0$（正负号变化 0 次），则方程无解；

如果 $p=1$（正负号变化 1 次），则方程有唯一解。

如果 $p=2$（正负号变化 2 次），则方程的正解 < 2 个，并以此类推。

也就是说，若项目的净现金流（$p=0,1,2,\cdots,n$）的正负号仅变化 1 次，内部收益率方程肯定有唯一解。而当净现金流序列的正负号有多次变化（两次或两次以上），内部收益率方程可能有多解。

为了便于大家理解，根据以上现金流，我们来计算不同折现率情况下的净现值，可得到图 2-4。

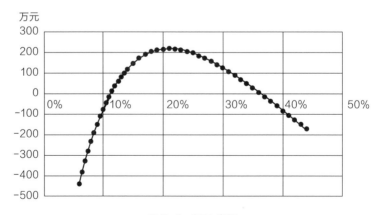

图 2-4　IRR 多解

从图 2-4 中可以看出，随着折现率变化，曲线和横轴交叉了两次，即在计算范围内，至少存在两个折现率均可以使净现值为 0，这就是我们所说的内部收益率多解的情况。因此，我们在工作中要尽量避免出现现金流正负号发生两次或两次以上的变化。

针对一些实际情况，例如固定资产大修会导致当年现金流出大幅增加，如果因为大修费用导致现金流序列正负号发生变化，则建议对模型进行处理，将大修费用分摊到前面几年作为现金流支出，避免现金流的大幅波动，导致正负号发生变化。

在现金流呈不规则变化时，内部收益率采用 XIRR

在 Excel 计算中，第一个单元格为假设时间起始点，第二个单元格默认为本年末，第三个单元格则为第 2 年末，其余以此类推。如果现金流属于不规则现金流，采用 XIRR 函数可以精确地对应时间。

即使 Excel 单元格的数字每一个都对应年份数据，在工作中仍然建议使用 XIRR 函数。例如，对于绿地项目，假设建设期为 1 年，投资 1000 万元，后续投产后每年产生 300 万元的现金流，经营期为 5 年，则很容易写成如表 2-11 所示的计算方式。

表 2-11 绿地项目的现金流

（单位：万元）

0	1	2	3	4	5
−1000	300	300	300	300	300

如果按上面的现金流直接使用 IRR 计算，则可以得出内部收益率为 15%。但是在现实中，如果假设 1000 万元在建设期期初投入，那么年份数字 1 仅仅代表项目刚刚投入运营，还未产生现金流。在项目运营 1 年后，才会产生

现金流。因此，如果按照现金流在年末发生的假设，实际现金流分布应该如表 2-12 所示。

表 2-12 实际现金流分布

（单位：万元）

0	1	2	3	4	5	6
-1000	0	300	300	300	300	300

按照 IRR 公式重新计算一下，就会发现 IRR 此时变为 11%，远远低于之前计算的 15%。因此，仅简单按照默认的方式计算 IRR，考虑建设期投入和投产后产生现金流的情况，就会高估 IRR。所以，在实际工作中，应该使用 XIRR，将每一笔现金流对应到具体时间，这样就可以避免现金流错配的现象。

投资回收期的局限性

投资回收期的指标比较容易理解，且在实务中人们经常使用的是更为简单的静态投资回收期。不足的是，投资回收期没有全面地考虑投资方案整个计算期内的现金流量，即忽略了发生在投资回收期之后的收益，只考虑回收之前的效果，无法准确衡量方案在整个计算期内的经济效果。由于这些局限，投资回收期通常作为辅助评价指标。

投资回收期的弊端是没有衡量投资回收期后的现金流情况。例如按表 2-13 中的两个现金流分布情况来看，项目 A 的投资回收期为 4 年，内部收益率为 22%；项目 B 的投资回收期为 3 年，内部收益率为 17%。项目 A 投资回收期虽然长，但是内部收益率反而更高，就是因为投资回收期之后的现金流更优。

估值基础

表2-13 IRR与投资回收期

（单位：万元）

第×年	IRR	0	1	2	3	4	5	6	7
项目A	22%	-1000	250	250	250	250	400	400	400
项目B	17%	-1000	333	333	333	150	150	150	150

总结

现在，我们可以对投资决策指标做一个总结。对实际工作来说，最常用的指标是内部收益率，这也是公司的董事高管们最关心的指标。因为只要内部收益率大于公司设定的基本收益率，那么净现值就会大于0。表2-14列出了几个投资决策指标的对比。关于在投资决策过程中如何对项目的内部收益率进行优化，哪些因素是影响内部收益率的关键驱动因素，我们会在后续章节进行解读。

表2-14 投资决策指标比较

	内部收益率	净现值	投资回收期
优点	• 简单，实用，是实际工作中最常用指标	• 价值的绝对值衡量指标	• 概念简单
缺点	• 适用于常规现金流分布情况，否则存在IRR多解的情况	• 折现率确定较为复杂 • 实际工作中通常更看重投资收益率	• 不能体现投资回收期之后的项目收益情况 • 通常使用的静态投资回收期不考虑时间价值

2.8 企业价值、股权价值与净资产

新闻媒体上经常报道有关并购的消息，涉及不同的术语，例如下面这条新闻。

9月22日，万国数据（GDS.US）宣布将收购拥有北京顺义区大型数据中心（以下称为"北京14号数据中心"）的目标公司100%股权。目标公司由中信产业基金（CPE）控股的一只私募股权基金所有。双方同意排他性条款。本次收购的企业价值约为38亿元。

什么是企业价值

企业价值（enterprise value）代表着企业核心经营资产的价值，是以普通股当前市场价值为基础的股权（普通股和优先股）及净债务价值之和。

股权市场价值、优先股账面价值和净债务之和，就是一家公司的企业价值。此外，非控股股东权益通常也需要加入企业价值中，即：

$$企业价值 = 股权价值 + 非控股股东权益 + 优先股 + 有息负债 - 现金及现金等价物$$

什么是股权价值

股权价值（equity value）是归属公司股东的价值，也就是我们通常所理解的收购公司股权所需要支付的对价。简单来说，股权价值对应的是资产负债表的所有者权益部分。我们所说的估值，最终的结果也是对股权价值进行评估。在有非控股股东权益、优先股的情况下，股权价值通常指的是普通股的价值，即不包括非控股股东权益和优先股的价值。

股权价值也称股权支付对价，就是买卖双方进行股权交割的价值。对于估值的计算来说，有时直接计算的结果是企业价值，但依然要从企业价值再推算股权价值。为了防止歧义，在并购报价的时候，卖方往往要求买方既要填写企业价值的数值，也要填写净负债和股权价值的数值。这样卖方就可以非常清晰地知道买方所报出价格的具体含义。

什么是净资产

净资产是资产负债表的所有者权益部分。虽然股权价值和净资产都代表资产负债表的所有者权益部分。净资产代表的是账面价值,股权价值代表的是市场价值。

如果账面净资产为1000万元,公司的股权价值可能是500万元,也可能是2000万元。对于上市公司来说,公司的股权价值变动情况每天都可以通过股票价格反映出来。

$$股权价值 = 股票价格 \times 普通股股票数量$$

我们可以看到,有很多公司的股票价格大幅高于每股净资产价值,也有很多公司的股票价格低于每股净资产价值。股票价格可以直接反映投资人对公司股权价值的判断。对投资人来说,投资的是企业的未来,因此市场价格所隐含的是投资人对未来价格的预期,同时还受多种因素影响。这也是估值的艺术性所在。

从价值的角度来看,在可持续经营的状态下,不论企业价值还是股权价值,都反映了投资人对资产未来产生现金流能力的判断。净资产是历史投资及当前资本结构下的账面价值。

股权价值和净资产的关系,也是我们通常所说的市净率指标。

$$市净率 = 股权价值 / 净资产$$

市净率大于1,代表股票交易价值高于账面净资产价值。反过来,市净率小于1,代表股票交易价值低于账面净资产价值。

对于上市公司的董事、高管来说,肯定希望公司的股票价格大于账面每股净资产。当市场股票价格低于每股净资产时,要么是被资本市场低估,要么是公司资产为无效资产，不能给投资人带来合理的投资回报。

当董事高管们认为资本市场低估公司股票价格的时候，就要积极地做出回应，向资本市场传达信号，例如通过增加股息派发比例、回购股票、管理层在二级市场买入股票等。对央企来说，更是应该注重维护公司的股价，增强投资者信心，方有利于国有资产的保值增值。

2.9 常见的估值乘数与快速估值

关于估值，经常有人会问，有没有捷径可以快速地对目标公司的估值进行判断。本小节的重点内容就是介绍估值的乘数法，也是快速估值的常用方法。

乘数法，也是市场法估值，简单来说就是确定一个参考乘数，然后乘以目标公司的对应数据，直接获得估值结果。常见的乘数一般有三种，市盈率、企业价值乘数及行业乘数。

市盈率

市盈率乘数或简称为 P/E：市盈率反映了股票的市场价格与每股收益之间的关系，或是股权价值和净利润之间的关系。它是最常用的估值乘数指标。市盈率的计算方法就是以当前股票价格除以按完全摊薄股票数量得到的每股收益（EPS），或是股权价值除以净利润，即：

$$P/E = 股票的市场价格 / EPS 或 P/E = 股权价值 / 净利润$$

市盈率乘数可以计算历史市盈率，也可以计算前瞻性市盈率，即可以根据短期 LTM 每股收益（最近 12 个月的每股收益）和前瞻性预期（下一个财务年度的每股收益）分别计算，以反映上一年度和未来年度的绩效差异。

例如，当前是 2022 年 6 月 30 日，如果一家公司 2021 年度的每股收益为 2.0 元，2022 年度的每股收益预计为 2.25 元，2023 年度的预期每股收益为 2.5 元，公司今天的股票收盘价格为 40 元，那么，公司的历史市盈率等于 20 倍（40 元 /2 元），本年预期市盈率等于 17.8 倍（40 元 /2.25 元），前瞻性 1 年市盈率为 16 倍（40 元 /2.5 元 =16）。

由于市盈率是根据当前股票价格计算的，而当前股票价格代表了市场对公司及其未来增长前景的看法，因此，公司的市盈率通常与其增长前景相关。具有较高增长率的公司往往会以较高的市盈率倍数进行交易，而较低增长率的公司通常会按较低的市盈率进行交易。

同样，如果我们给一家公司的股权进行估值，比如这家公司的净利润是 1000 万元，如果按照 15 倍的市盈率来估值，那么股权价值就是 1.5 亿元。

市净率

市净率或称价格 / 账面价值乘数（price-to-book ratio），反映的是市场价值与其账面价值的倍数关系。大多数公司的市场价值高于其账面价值。市净率的计算方法就是用所有者权益的市场价值除以所有者权益的账面价值。

$$市净率 = 所有者权益的市场价值 / 所有者权益的账面价值$$

因为投资价值主要体现为资产未来的盈利能力，所以市净率往往不会直接用来进行估值，而通常作为在资产价格形成后计算相关比率的参考指标。

企业价值乘数

和市盈率一样，企业价值乘数通常用于衡量公司的相对估值水平。然而，与公司股权的市场价值相关的市盈率不同，企业价值乘数与企业价值（或公司价值）有关。它的计算方法是将企业价值除以 EBITDA，即：

$$企业价值乘数 = 企业价值/EBITDA$$

需要特别注意的是，在应用企业价值乘数时，方法和市盈率相同，但计算的结果是企业价值。我们收购股权，通常要在计算企业价值的基础上，再根据股权价值和企业价值的公式来推导股权价值。

例如，某目标企业的 EBITDA 是 1000 万元，行业的企业价值乘数是 10 倍，同时该目标企业的净负债为 3000 万元。我们可以根据企业价值乘数快速计算出该企业的企业价值为 1 亿元，再根据股权价值和企业价值的简单关系：

$$企业价值 = 股权价值 + 净负债$$
$$股权价值 = 企业价值 - 净负债$$

得出目标公司的股权价值为 7000 万元。

在应用估值乘数时，要特别留意分子和分母的匹配性。在计算股权价值时，分子是股权价值，分母是净利润，都代表了归属股东的价值。在计算企业价值乘数时，分子企业价值包括股权价值和债权人价值，同时分母 EBITDA 是扣除利息前的数据，也包括了债权人要求的财务费用，因此 EBITDA 乘数的结果是企业价值，而不是股权价值。

行业乘数

针对特定的行业，往往会有行业乘数，例如对房地产行业来说是元/平方米。如果我们知道当前的市场价格是每平方米多少元，就可以根据目标企业的总平方米数直接相乘。类似的还有高速公路的每公里、电力企业的每兆瓦装机容量、互联网企业的每订阅户、矿产企业的吨储存量等。

2.10 上市公司并购估值

上市公司是一类特殊的公司，公司股价在每个交易日的波动，也代表了公司市值的变化。上市公司的股东或高管都希望公司股价可以不断上升，这也代表了股东财富的增加。对上市公司估值，最常见的一个指标就是 P/E 值，也就是市盈率。投资人通常会以市盈率作为判断公司股价高低的指标。

2022 年以来，新股破发的一个重要原因就是发行市盈率过高，行业的平均市盈率在 30 倍，但是新股发行的市盈率为 50 倍或更高。所以，对上市公司来说，要提高股票价格，就要想方设法提升净利润。在行业市盈率不变的情况下，每股收益越高，对应的股价水平就越高。

公司净利润的提升主要有两种方式：一是内生性增长，即通过改进生产管理水平，以降本增效的方式来提高利润；二是外延性增长，即通过对外投资或并购实现业务扩展。毋庸置疑，并购是提高净利润水平最快的方式，只要并购完成，就可以立即通过财务并表的方式来提高净利润。上市公司并购虽能带来净利润的增加，但同时也要支付对价，不论是支付现金还是发行股份，都有相应的成本。在市盈率不变的情况下，要提升股票价格，唯一的要求就是并购后每股收益提升。因此，对上市公司并购来说，判断估值高低的首要标准就是并购后是否可以提升每股收益。

用 A 上市公司来举例。假设 A 上市公司的股价为每股 20 元，每股收益为 1 元，市盈率为 20 倍，总股份数量为 1 亿股。假设收购目标 B 公司净利润为 2000 万元，A 公司支付的收购对价为 2 亿元。

以现金方式支付收购对价，现金来源于企业闲置资金

上市公司以现金方式支付收购对价，并没有新增股份，因此，只要并购目标有净利润,就可以实现每股收益的提升。当然,这里面也隐含了一个前提,就是带来的净利润增加要明显高于支付现金所产生的利息收入水平。假设 A 上市公司的现金为企业闲置资金,在收购前现金的利息率为 2%。在这种情况下,并购后的每股收益计算公式如下:

每股收益 = 原净利润 + 并购目标净利润 – 现金利息收入 / 股份数量

则合并后的净利润为 10000 万元 +2000 万元 –20000 万元 × 2% × (1–25%) = 11700 万元。

因此,合并后的每股收益 =11700 万元 /10000 万股 =1.17 元 / 股,每股收益较之前的 1 元 / 每股有 17% 的提升。如果市盈率维持 20 倍不变,则公司的股价应该从每股 20 元上升到 1.17 × 20=23.4 元 / 股的水平,即股价的上升幅度也为 17%,与每股收益的上升幅度相同。

以现金方式支付收购对价,现金来源于企业借款

上市公司以举债的方式收购,虽然没有新增发行股份,但是因为银行债务增加,所以增加了额外的财务费用,这部分新增费用要抵减掉合并的净利润,因此,如果合并的净利润大于新增的财务费用,每股收益依然增加,依然有利于公司的股价表现。在这种情况下,并购后的每股收益计算公式如下。

每股收益 = 原净利润 + 并购目标净利润 – 新增财务费用 / 股份数量

在这里需要留意一点,就是新增的财务费用应该计算税后费用,因为利息费用是可以抵税的。假设公司融资的利率水平为 5%,则在融资方式下合并后的净利润为:

合并后净利润 =10000 万元 +2000 万元 –20000 万元 × 5% × (1–25%)
=11250 万元

A上市公司的股份数量并没有变化，因此合并后的每股收益为：

每股收益=11250万元/10000万股=1.125元/股

对比合并前的每股收益1元/股上升了12.5%，如果市盈率20倍保持不变，则公司股票价格应该为1.125×20=22.5元/股，对比之前的每股20元上升了12.5%。

从以上两例可以看出，每股收益的上升幅度，在市盈率不变的情况下，对应了股票价格的上升幅度。

以发行股票的方式支付收购对价

上市公司还可以发行股票的方式作为收购对价，或者是以发行股份的形式筹集现金来进行支付。在这种方式下，虽然没有新增的财务费用，但因为新增了股份，因此分子分母都发生了变化。我们假设A上市公司为筹集2亿元并购资金，发行了1000万股。

合并后的净利润=10000万元+2000万元=12000万元

因为A上市公司新增股份，因此收购后的总股份数由原来的1亿股变为1.1亿股，则并购后的每股收益如下：

每股收益=12000万元/11000万股=1.09元/股

公司每股收益相比原来的1元/股上升了9%，如果市盈率保持20倍不变，则收购后股价应为21.8元/股。

从以上例子来看，只要每股收益上升，在市盈率不变的情况下，股票价格也会相应提升。因此，对上市公司来说，并购价格的临界点就应该是每股收益保持不变的情况。从另外一个角度来看，A上市公司的市盈率是20倍，收购目标公司出价 2 亿元，对应净利润 2000 万元，因此收购的市盈率是 10 倍。我们可以得出这样一个结论：上市公司以高市盈率去收购低市盈率公司，每股收益会提升，反之则会下降。

我们可以验证一下这个原理，假设 A 上市公司收购目标公司的价格为 4 亿元，即收购市盈率为 20 倍，与 A 上市公司相同。那么 A 上市公司要对应发行 2000 万股，才可以支付对价。我们再来计算一下收购后的每股收益：

$$合并后的净利润 =10000 万元 +2000 万元 =12000 万元$$

合并后的股份数量为 1.2 亿股，因此每股收益为 12000 万元 /12000 万股 =1 元 / 股，与收购前的 A 上市公司每股收益相同。在市盈率维持不变的情况下，股票价格也不会发生变化。

同样，如果 A 上市公司用高于自身市盈率的价格去收购目标公司，则会导致每股收益降低。例如，如果 A 上市公司花 5 亿元去收购，对应的市盈率为 25 倍，需要增发股份 2500 万股，则收购后的每股收益 =12000 万元 /12500 万股 =0.96 元 / 股，低于原本 1 元 / 股的收益。

上述通过市盈率高低来判断每股收益的情形适用于股份支付。同样，对应举债进行收购的方式，也可以用市盈率高低来进行判断。我们会采用现金市盈率来进行判断。

$$现金收购市盈率 =1/ 融资成本 \times（1-25\%）=1/ 税后融资成本$$

如果举债的融资成本是 5%，那么对应现金收购的市盈率为 1/ [5%×（1-25%）]=26.67 倍。可以用 26.67 倍的市盈率与收购对价进行比较，如果收购的目标公司市盈率低于 26.67 倍，则每股收益增加，反之下降。

综上，不论是发行股份收购还是举债收购，只要是以高市盈率收购低市盈率的公司，则有利于上市公司的股票价格，反之不利于上市公司的股票价格。因此，市盈率值很高的公司会有积极性发行股份，去收购低市盈率的公司，以提升每股收益。这一前提是假设上市公司的市盈率不变。在有些情况下，只要上市公司做的战略性并购符合市场方向，哪怕每股收益没有提升，股票价格也会上涨。但是从理性的角度来说，股票价格的上升一定对应盈利水平的提升。

本章小结

- 投资人进行投资决策的依据是投资价值，只有投资价值才是能给投资人带来的实际价值，投资价值也是投资人出价的上限。
- 货币时间价值、风险和收益的关系是估值最核心的理论基础。估值的核心方法之一就是将目标公司的未来现金流量按照折现率进行折现。这个现值就代表了目标公司的基本面价值。
- 投资人要求的最低股权收益率也称为门槛收益率，不同的投资人要求的股权收益率不同。在理论上，可以通过资本资产定价模型来计算股本成本，来作为投资人要求的收益率参考。从投资的常识来看，投资人要求的股权收益率水平要高于融资成本，并能体现项目的风险水平。
- 利润表、资产负债表和现金流量表是核心的财务报表。息税折旧摊销前利润（EBITDA）、息税前利润（EBIT）、净利润、每股收益都是常用的估值参考数据。在历史报表数据的基础上，首先需要对财务报表进行常规化调整，之后才能计算相关的历史比率，并用来对未来进行预测。
- 净现值、内部收益率和投资回收期是常用的项目投资决策指标。股本金内部收益率是更常用的项目投资决策指标。
- 财务杠杆是提升权益投资收益率的双刃剑。财务杠杆提高通常会提升权益投资收益率，但财务风险也随之提高。

- 企业价值衡量的是企业核心经营资产的价值，既包括股东的权益，也包括了债权人的权益。股权价值代表的是股权收购对价，代表了账面所有者权益的市场价值。企业账面净资产代表的是账面价值，企业的市场价值可能高于账面价值，也可能低于账面价值。
- 通过市盈率、企业价值乘数、行业乘数等估值乘数可以快速判断目标企业的估值区间。
- 上市公司收购是否有利的标准是市盈率，上市公司以高市盈率收购低市盈率的公司，有利于每股收益提升，也有利于股票价格。

董事高管估值
知识简明指南

估值方法概述

3.1 概述

估值分析是指确定资产、资产组合、现金流或企业价值的过程。公司发展的途径除内生性增长以外,更多的是依靠新项目投资及并购实现更快的外生性增长。董事高管们对公司发展部门的投资项目或并购进行投资决策的前提,是要熟悉基本的估值方法,从总体上把握投资项目的估值驱动因素,以此做出科学的决策。本章是对估值进行理论上的探讨,并介绍常用的估值技术。

价值是一个相对概念,估值是区间而不是绝对值

价值是一个相对概念,估值则是一个区间,而不是绝对值。一家企业可能对投资人 A 具有极强的吸引力,A 愿意出非常高的价格来进行收购,但是对投资人 B 来说则可有可无,因此 B 的报价并不高。同一个投资人在不同的时间点,愿意支付的价格也呈现完全不同的情况。此外,企业价值会受到宏观经济条件的影响,例如利率环境、政策环境等。具体而言,低利率会降低公司的资本成本。低成本的资本会让买家愿意给出更高的购买价格，因为此时收购者更容易实现最低的收益率要求。而在高利率环境中则恰恰相反——由于利率水平较高，因此，买方的资本成本相应增加，这就会降低他们愿意给出的购买价格。

> **小案例**
>
> 　　英国某私募基金准备出售埃及的一个新能源资产组合包。为此，该基金聘请了花旗银行作为卖方顾问。花旗银行邀请了欧洲和中国约30家意向买家进行了报价。从投资人的报价来看，最低的报价为3亿美元，最高的报价为5亿美元。其中，一家中国企业报价3.5亿美元，另一家中国企业报价5亿美元。项目最终以5亿美元成交。
>
> 　　从这一案例可以看出，针对同一项目，不同投资人给出的估值大相径庭，这绝非偶然现象。这也正是估值科学性和艺术性的体现。

大多数从事并购估值工作的人，最初对于估值的理解就是寻求一个所谓绝对正确的唯一答案或数字。然而，对于估值来说，很多假设都无法完全客观地进行确认，任何一个假设发生变化，都会导致估值发生变动，因此对于估值来说，不存在绝对正确的唯一答案或数字，采用价值区间的方式更为合理。

正如前文所提到的，同一企业对不同买家而言具有不同的投资价值，且估值是建立在一系列假设的基础上。假设是基于对未来的预测，没有人可以确切地知道，到底哪些假设最终是正确的。也就是说，在投资决策的时点，我们不可能确切地知道"正确"的估值是什么，因为它所依赖的假设本身就存在出现误差甚至是错误的可能。在这种情况下，不论估值分析的过程多么严谨，买方自身的偏好、基本条件和允许误差都会对估值产生影响。所以，我们将估值分析的结果设定为一个价值区间，而不是具体数字，反而更科学。

估值是基于不确定条件的最佳估计

估值取决于一系列的参数，不论是项目投资决策还是并购，都离不开对现金流的预测。在很多情况下，特别是对并购而言，投资人不仅要面临时间的紧迫性，还有资料的有限性。对常见的海外并购项目来说，从投资人开始尽职调查到提交约束性报价，只有8~10周的时间。在8~10周的时间内，投资人不但要完成法律、财务、技术、市场、人力资源等各方面的调查，还需要在此基础上对企业未来10年或更长的时间做出财务预测，并形成估值报告。

对任何投资人来说，不论销量增长、成本变动、利率或是汇率变化，都是基于当时情况所做出的最佳判断，并据此得出估值的区间。根据估值区间与卖方进行谈判，最终确定交易价格并完成交易。

需要特别指出的是，很多项目在收购完成后，经济效益没有达到预期，也不能完全归结于投资失误。这一矛盾在事后审计的时候非常突出。如果项目在收购后没有达到预期收益，客观的审计应该是从投资决策时点当时的条件出发，来对假设依据进行审查，对假设依据是否有充分的数据支持进行判断。同时，对经济效益未达预期的结果进行层层分析，落实到具体的指标，并区分哪些是客观因素、哪些是主观因素。特别是对董事高管的审计，不能因一次并购项目未达预期就判断为投资损失而全盘否定。从业绩考核来说，不但要看单一项目，也要看董事高管在任期内所批准的其他投资项目。如果全部投资项目都出现了问题，而且决策过程属于盲目决策，那确实应该追究领导责任。但如果不看整体项目投资情况，不分析财务预期与财务实际表现的具体原因，只追究项目投资的问题或失误，则不利于业务的扩展，也不是科学和客观的考核方式。

估值方法

上市公司的最佳估值指标是当前股价，这也是市场衡量上市公司公允价值的最优指标，因为它反映的是投资者在特定时刻愿意为购买公司的少数股份所支付的价格。当然，投资者也可以按照估值方法对上市公司进行估值，来确定市场价格是否反映了企业的内在价值、上市公司的股价是否存在高估或低估。

对于一家非上市公司的非控股股权或控股股权，并没有一个公开的市场来指示公允价格，那么交易各方如何对价值达成一致呢？从估值方法的角度，基本可以归结为三大类，如图3-1所示。

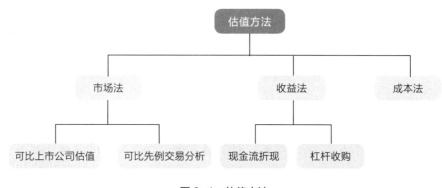

图3-1 估值方法

在大多数情况下，可以利用估值方法的不同组合确定目标的估值范围。这意味着我们需要同时执行几种方法，然后根据每个方法的结论区间确定最终的估值范围。此外，还有一些专门的估值技术，比如针对自然资源、金融机构和房地产等行业，经常会采用针对特定行业的专门估值方法。

市场法包括可比上市公司分析和可比先例交易分析，也称为乘数法。所谓乘数法就是应用市盈率、企业价值乘数等估值指标，也包括某些特定行业的估值指标。参考市场的乘数，乘以目标公司的对应财务指标，来确定目标公司的估值区间。

收益法，也称为现金流折现法，包括自由现金流折现和杠杆收购的权益现金流折现。

成本法就是按照重建或重置成本作为价值基础的方法。

除上述方法外，还有一些其他的估值方法，例如对早期创业企业估值的积分卡估值法、风险投资快速估值法及风险投资估值法，也有一些特定场景的估值方法，例如部分加总估值法等。不论采用何种估值方法，其理论核心依然是围绕上述市场法、收益法和成本法。

3.2 市场法估值

可比上市公司估值是以当前的同行业上市公司为估值参照系，以同行业上市公司的股票交易价格作为参照。可比先例交易分析是以直接投资市场上的收购股权价格作为参照。两种方法原理相同，只是参照系不同，我们首先介绍可比上市公司估值。

可比上市公司估值也称为可比公司估值，这是一种非常有用的估值工具。可比公司估值的基本原理是同一行业内的公司或是具有非常相似业务基础的公司（如商业模式、风险特征、盈利和增长前景）的价值应该相同。为了进行可比公司估值，首先需要确定最佳可比公司组合，并计算出每家公司的财务指标和估值乘数，如股权价值乘数（市盈率 P/E）或企业价值乘数（EV/EBITDA）。根据所选最佳可比上市公司的乘数范围，确定目标公司在可比公司的相对排序，就可以确定适合于目标公司的乘数区间，从而得到目标公司的隐含估值区间。

可比公司估值

可比公司估值的主要步骤

第一步：研究目标公司，选择可比公司系列。

第二步：制表并分析计算可比公司各项财务指标及估值乘数，常见的估值乘数包括市盈率、企业价值乘数和市净率。

第三步：将目标公司与可比公司进行基准比较，确定估值的相对位置，再将可比公司系列乘数乘以目标公司的相应数据，以确定目标公司的预期估值范围。

第一步：研究目标公司，选择可比公司系列。

可比公司估值的基本原理是同类公司应该具有相似的价值。因此，应用可比公司估值的关键是找到最可比的公司。这一步有时比较容易，例如，如果要对一家白酒企业进行估值，则可以在 A 股市场找到大量的白酒类上市公司，甚至可以对白酒的类型进一步细分。但有时候则很难选出合适的可比公司，例如要对一家从事氢能、虚拟人或元宇宙业务的公司进行估值，则很难马上对应到同类上市公司。

从确定可比公司相似性的角度来说，可以分为业务特征和财务特征两类。因此，估值时首先要对目标企业进行深入研究，针对其所处行业、商业模式、上下游关系、产业链、市场规模、竞争程度等进行逐项分析。

可比公司的业务特征可以从行业领域、产品与服务、地理位置、市场前景等方面来进行判断。财务特征则可以从收入规模、盈利能力、增长情况、投资收益率及信用比率等方面进行细分。如果找到的可比公司与目标公司在所有方面都很相似，那就是最好的可比对象。在理想的情况下，可以寻找 10~15 家可比公司，然后在这个基础上，确定 3~5 家最相似的可比公司。具体可以通过财经终端的行业分类进行筛选，并在此基础上进行二次筛选。

第二步：制表并分析计算可比公司各项财务指标及估值乘数，常见的估值乘数包括市盈率、企业价值乘数和市净率。

在找到可比公司之后，就需要将可比公司的各项财务数据进行列表，并计算各项财务指标和估值乘数。当然，在计算这些财务指标之前，我们也要对这些财务报表进行常规化调整，以方便进行比较。计算这些指标的意义在于发现市场估值高低的规律。例如，在正常情况下，毛利率高的、增长速度快的、信用比率好的公司，市场会给予更高的估值乘数。通常我们会计算以下财务指标及比率作为参考，见表 3-1。

表 3-1 关键性财务数据与财务指标及比率

关键性财务数据	财务指标及比率
规模	市值 销售收入规模
盈利能力	毛利率 EBITDA 利润率 净利润率
增长情况	历史增长率 前瞻增长率
投资收益率	净资产收益率 总资产收益率 股息收益率
信用比率	杠杆比率 信用比率

同时，我们也会计算估值乘数作为参考标准，见表 3-2。

表 3-2 估值乘数

估值乘数	估值指标
股权价值乘数市盈率	上一财务年度市盈率 过往 12 个月市盈率 预测本年市盈率 前瞻性 1 年市盈率 前瞻性 2 年市盈率
股权价值乘数	市净率
企业价值乘数	企业价值乘数

不同的市盈率代表了不同时间点所计算的指标，都可以用来做估值的参考。比如说，现在是 2022 年 8 月，如果我们要计算市盈率指标，股票价格就是当前最新的股票收盘价格，但是收益应该如何来计算呢？

在 2022 年 8 月的时候，我们可以根据上市公司 2021 年的全年财务数据，计算当前股票价格除以 2021 年的每股收益，得出一个市盈率。但在 2022 年 8 月，如果还依据 2021 年的财务数据，已经不能完全反映当期的财务盈利情况，所以我们还可以用过往 12 个月，比如在半年报的基础上，采用 2021 年下半年的数据和 2022 年上半年的数据来进行计算，会比采用 2021 年全年的数据更能接近当前的情况。对投资人来说，其投资的是企业的未来，所以我们也会以预测的 2022 年完整年，包括预测的 2023 年和 2024 年的每股收益来计算市盈率。这些市盈率值都可以用来做估值参考，获取估值区间。

第三步：将目标公司与可比公司进行基准比较，确定相对位置，再将可比公司系列乘数乘以目标公司的相应数据，以确定目标公司的预期估值范围。

在计算完成可比公司的财务指标及估值乘数以后，我们可以将目标公司与可比上市公司进行基准比较。根据目标公司的财务指标、销售规模等各项指标来判断，可以进一步筛选出最相似的 3~5 家最佳可比公司。筛选出来的这 3~5 家可比公司的乘数区间，就是目标公司的估值区间范围。通过可比公司估值乘数的计算，我们可以获得可比公司相关估值乘数的最低值、最高值、平均值和中位值。如果目标公司和最佳可比公司还可以进行基准排序，例如目标公司各项指标处于可比公司的优势地位，则目标公司的估值乘数可以选择估值区间的高值，反之，则选择估值区间的低值。

如图 3-2 所示，以企业价值乘数这一估值乘数为例，可比公司的区间范围为 7.5~12.5 倍，平均值为 10 倍，中位值为 10.5 倍。其中三家最可比公司的区间范围为 8~10.9 倍，我们可以再计算三家最可比公司的估值乘数平均值为 9.5 倍，中位值也为 9.5 倍。通过分析最可比公司，就可以获得估值区间更为紧凑的 8.0~10.9 倍。我们还可以对目标公司和三家最可比公司进行比较，以判断目标公司的估值乘数区间应偏向高值或是低值。

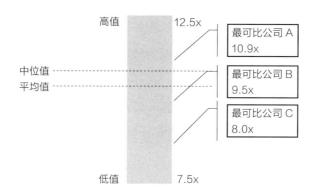

图 3-2　可比公司企业价值乘数区间示例

可比公司估值的特点

上市公司的股票价格之所以具有少数股权的特点，是因为股票价格的形成是基于公开市场的交易，而这些交易的股票数量相对于公司的总股份来说都是少数股权。因此，以上市公司的股票价格作为参照系，参照的对象是少数股权。

上市公司的股票具有流动性，是指上市公司的股份很容易在二级市场进行出售。如果股份变现的话，在短时间内就可以实现售出。因此，上市公司的股票价格也体现出其流动性的价值。

对可比公司来说，这个参照系的特征是少数股权和流动性，因此，任何标的依据这个指标来进行估值，还需要结合自身的特点进行调整，比如说，如果标的公司是控股权的非上市公司，则需要在可比公司价格基准的基础上进行控股权溢价及流动性折价的调整。

可比公司估值的主要优点

- 可比公司估值的优势之一，就是它以当前可比上市公司的股票价格为基础。对上市公司来说，每一个交易日股票价格的变化都反映了市场对当前企业价值的判断，这也是衡量股权价值最透明的指标。
- 由于可比公司估值是以当前股票价格为基础，因此，对于尚未公开发行股票的公司来说，它是确定可能价值的最优方法之一。此外，可比公司估值还是确定公开交易公司非控制性股权价值的最佳方法，并可用于确定公司是否有机会成为潜在的收购对象。如果一家公司的股票价格明显低于内在价值（按现金流折现分析或杠杆收购分析得到的企业价值），那么，这家公司就很容易成为收购目标。因为另一家公司或私人投资者可据此确定，在按较低价格购买上市公司的全部股份后，由此取得的公司现金流可以给投资带来足够的收益。
- 可比公司估值方法相对简单，财务数据公开且容易获得。

可比公司估值的主要缺点

- 可比公司估值的一个主要缺点是它所代表的是少数股权，并且不包括控制权溢价。另外一个更大的缺点是，有时我们很难找到一个真正可比的公司。由于公司之间都会有所不同——即使在同一个行业内也不例外，因此，我们不可能按照 A 公司的股票价格完美地推断出 B 公司的价值，除非我们能对 A 公司和 B 公司之间的所有差异做出解释并予以量化。

- 只有选出的可比公司都具有较大的规模和流动性，这种方法才能很好地发挥作用。可比公司估值的基本前提就是公司的股票价格是市场对企业价值的认知，因此，如果可比公司组中的公司具有较差的市场基本面（如市值偏小，市场流通量或交易量较低），那么，我们就很难从可比公司组合中推断出合理的结论。如果股票流动性很低，股票价格不能真实体现出价值，可比公司法也就失去了比较的前提基础。
- 市场在某些情况下趋于情绪化，存在热度过高或过于恐慌的情景。因此，如果使用因宏观经济事件或近期新闻而导致明显偏高或偏低的股票价格进行可比公司分析，得出的结论也有可能会不合理地偏高或偏低。

可比先例交易分析

可比先例交易分析主要的参考对象不是上市公司，而是在一级市场上直接发生的交易案例。因为在一级市场上发生的并购交易的主要特征是收购并取得非上市公司控制权而支付的价格，这个价格本身已经包括了控制权溢价，而且具有非流动性的特点。这一点也是可比先例交易和可比公司估值的最大不同点。

可比先例交易分析的主要步骤

第一步：研究目标公司，选择可比先例交易公司系列。

第二步：制表并分析计算可比先例交易公司各项财务指标及估值乘数，常见的估值乘数包括市盈率、企业价值乘数和市净率。

第三步：将目标公司与可比先例交易公司进行基准比较，确定相对位置，再将可比先例交易公司系列乘数乘以目标公司的相应数据,以确定目标公司的预期估值范围。

可比先例交易分析的特点

可比先例交易与可比公司估值的步骤完全相同,只是选择的对象不同。与可比公司估值不同,可比先例交易大多数为非公开交易且并非上市公司,因此,不论是相似的交易或是财务数据都较难获取。

可比先例交易分析的主要优点

- 可比先例交易分析方法简单,只要确定相似交易的关键估值乘数,就可以框定目标公司的估值范围。
- 近期的可比先例交易可以反映当下资本市场的估值,也是真实的市场成交价格。

可比先例交易分析的主要缺点

- 相似的可比先例交易数据较难获得,财务信息不足。
- 很多先例交易发生的时间较久,不能反映当期的资本市场形势和宏观经济环境。
- 可比先例交易的价格反映了投资人的协同效应及对公司未来业绩的预期,属于针对特定投资人的价值。

3.3 收益法——现金流折现分析

现金流折现分析(DCF)和杠杆收购分析(LBO)都是基于现金流量的估值方法,这种方法是以货币的时间价值为基础。对于现金流折现分析和杠杆收购分析,估值是根据公司(资产)创造的预计现金流量按公司(或资产)资本成本或股权成本折现得到的。由于现金流折现分析和杠杆收购分析都属于前瞻性的预测,因此,这种估值方法需要将公司的经营战略和成长战略纳入分析中。使用现金流折现分析和杠杆收购分析进行估值取决于内在要素,即依据的是资产或公司本身创造的内在价值,而不是按照可比公司或可比交易的乘数或指标。

现金流折现分析

现金流折现分析的基本原理是,企业价值或公司价值(对公司债务和股权持有人而言)应等于公司自由现金流按加权平均资本成本折现后的现值。自由现金流代表了公司的全部现金流入和流出,但不包括与融资相关的费用,如向债权人支付的利息以及向股东支付的股息。

由于现金流折现分析的基础是预计的自由现金流,预测时必须保持足够的谨慎性,才有可能合理而准确地反映公司最有可能出现的经营状况。

现金流折现分析被认为是计算公司内在价值的最佳方法,因为价值是由公司内部创造的现金流对应的风险进行折现而得到的。针对同一标的,我们应同时使用多种不同的估值方法对公司进行估值,从而获取可以相互验证的估值区间。在实践中,针对成熟型企业,如果估值人员必须选择某一种估值方法,那么这种方法最有可能是现金流折现估值法。

现金流折现概述

现金流折现的概念就是针对风险和收益及时间价值的基本原理:公司的项目、投资或资产的价值,等于其未来现金流按现金流的风险水平折现到今天的现值。现金流折现估值法的优点在于可以对任何公司、资产、项目或投资进行估值；并且只需以预计现金流和折现率作为输入变量。针对并购交易，现金流折现分析有时甚至会成为唯一可用的估值方法，尤其是在没有公开交易的可比公司或类似交易的时候。

以公司估值为目的的现金流折现分析，等于公司的无杠杆自由现金流按加权平均资本成本（WACC）折现后的现值。无杠杆自由现金流是指公司创造的、尚未扣除融资成本的现金流，融资成本包括向债务持有人支付的利息以及向股东支付的股息。为确定公司仅对股权持有人而言的隐含股权价值，则需要从现金流折现分析得到的企业价值中扣除债务净额。此外，对所有不参与现金流创造过程的资产或负债，需要在现金流折现的价值中加上或扣除其对应的价值。

这就是我们在本书中反复提到的公式：

$$企业价值 = 股权价值 + 净负债$$

在这里，我们需要重点强调的是，使用自由现金流及加权平均资本成本进行折现，得到的结果就是企业价值。股权价值是基于自由现金流折现的结果，是在企业价值的基础上减去净负债计算得出的。我们也可以使用权益现金流，就是在自由现金流的基础上扣除掉银行还本付息，即将归属于债务人的现金流扣除，剩下的只是归属于股东的现金流，因此，权益现金流折现的结果对应的就是股权价值。除此之外，我们还可以将股利进行折现，因为股利同样是归属于股东的现金流，股利折现的结果同样对应的是股权价值。不论是自由现金流折现、权益现金流折现还是股利折现，均属于现金流折现，三种方法各有适用的情形，我们将在第 4 章进行详细说明。

> **小案例**
>
> 东方电器厂是一家有60年历史的老厂，为实现技术更新改造，需要募集一笔资金进行产业换代升级。分析师按照收益法对东方电器厂进行了估值，按未来现金流折现及企业加权平均资本成本计算得出的企业价值为3亿元。且基于估值基准日，东方电器厂的账面净负债为2亿元。分析师在预测现金流的时候，并未将东方电器厂闲置的一块土地纳入计算。如果土地转让或出租可实现的价值约为2亿元，应该如何计算东方电器厂的股权价值？
>
> 根据计算公式，东方电器厂的企业价值为3亿元，减去净负债2亿元，得出的股权价值为1亿元。需要特别注意的是，这里的公式并未纳入任何非经营性的资产或负债。正如本案例所述，东方电器厂拥有的闲置土地还拥有2亿元的价值，因此股权价值整体上应该是3亿元。
>
> 股权价值＝企业价值－净负债＋非经营性资产价值

现金流折现分析的关键构成

现金流折现分析的三个关键构成部分是：①无杠杆的自由现金流；②加权平均资本成本；③终值。接下来，我们将对每一项基本要素进行简明扼要的介绍，并在本章随后部分做详细讨论。

无杠杆的自由现金流（FCF）

是指公司在既定预测期内创造的自由现金流。大多数预测的期限为5年、7年或是10年。重要的是，预测期的终点应该对应于公司状态维持稳定的时期。"无杠杆"是指在考虑利息或股息等融资成本之前的现金流。使用加权平均资本成本对无杠杆自由现金流进行折现，即为公司在预测期内的现值。

加权平均资本成本（WACC）

是指项目或公司债务资金和股权资本的综合成本。债务成本和股权成本分别为债务资金和股权资金提供者所要求的收益率。以加权平均资本成本作为折现率（r）对自由现金流和终值进行折现，即可得到它们的现值。

终值（TV）

在假设企业永续经营的前提下，终值代表的是在预测期结束后至未来的价值估计。企业价值就是将终值的现值与在预测期内无杠杆的自由现金流的现值相加。

现金流折现分析的步骤

第一步：了解目标公司及其业绩驱动因素。

第二步：历史报表常规化调整并计算财务指标。

第三步：预测无杠杆的自由现金流。

第四步：计算终值。

第五步：计算加权平均资本成本。

第六步：计算企业价值与股权价值。

第七步：敏感性分析。

第一步：了解目标公司及其业绩驱动因素。

第一步是最为重要的一步。很多初级分析师在学习现金流折现时，经常会认为学会了财务模型就掌握了现金流折现。财务模型只是现金流折现的工具，最为核心的仍然是清晰地理解目标公司及其业绩驱动因素。只有做到这一点，才能对未来的财务预测有更清楚的把握。对于董事高管们来说，不需要自己构建财务模型，但需要掌握所收购公司的商业模式及其业绩驱动因素，并了解哪些关键因素会直接影响估值的结果。

第二步：历史报表常规化调整并计算财务指标。

对于有经营历史的目标公司来说，预测的基础就是历史业绩表现。因此，需要在历史财务报表的基础上来计算各项比率，为后期的财务预测做参考。估值的假设前提是在正常的经营状态下，因此，如果历史报表中存在偶然性或一次性的事件，则首先需要扣除这些非常规因素的影响，例如一次性的政府补贴收入、一次性的存货减值损失等。在此基础上，我们就可以通过计算历史销售收入增长率、毛利率、销售费用比率、资本性支出占销售收入比率等一系列的财务指标，为后续预测提供依据。

根据计算的历史指标对未来财务指标进行预测时，通常有五种方法。这五种方法分别是历史均值、历史最高值、历史最低值、最近一年值及周期变化。在实务中，没有绝对正确的预测方式。如果采用其中两种或三种方法的重叠，又有比较好的依据，就是最合理的预测了。例如某项目刚刚经过技术改造升级，毛利率最近一年为最高值，因为有技术改造的背景，所以可以采用毛利率为最高值，同时又是最近一年值。

第三步：预测无杠杆的自由现金流。

无杠杆的自由现金流是指公司在提供商品或服务时所使用的全部资产（包括有形资产和无形资产）创造的经营现金流，并对资本性支出进行调整。简单来说，就是假设公司没有任何负债，或者说"无杠杆"，也称为"独立于资本结构"的现金流。使用无杠杆自由现金流的理论基础是：①公司的资产能创造出一定水平的现金流；②购置和维护资产所需的成本应计入资本性支出；③一家企业的价值应等于其资产创造的价值，并减去全部资本性支出；④这个价值应该与资产的结构方式无关。

换句话说，使用一项资产并通过这项资产创造现金的能力，与取得这项资产的融资方式应该是相互独立的。用买房子做类比或许有助于我们理解这个概念。假设我们购置房屋的首付比例为20%，其余80%采用的是抵押贷款；或者说，我们支付了40%的首付款，其他60%采用是抵押贷款。在这里，关键的一点是，抵押金额（或者说，采用债务融资的部分）对房屋本身没有任何影响，也不会影响我们和卖方之间约定的房屋价值。同样，公司的融资方式也与现金流折现估值法得到的企业价值无关。

我们可以采用两种方法来计算无杠杆的自由现金流，如表3-3和表3-4所示（数据来自外国企业，采用的是40%的企业所得税税率）。

方法1：以经营性现金流为起点

从经营性现金流开始，首先调整税后利息费用，将现金流从"杠杆"状态（包括利息支出的情形）转换为"无杠杆"状态（假设无任何利息支出）。

无杠杆的自由现金流＝经营性现金流＋财务费用（税后）－资本性支出

方法2：以息税前利润为起点

从息税前利润（EBIT）以及考虑税收效应的影响，得出息前税后利润（EBIAT），再减去营运资本及其他非现金费用的变化。

无杠杆的自由现金流＝息税前利润×（1－所得税税率）＋折旧摊销－
营运资本增加－资本性支出
＝息前税后利润＋折旧摊销－营运资本增加－资本性支出

但无论采用何种方法，只有在扣除资本性支出的情况下，才能得到无杠杆的自由现金流。此外，选择任何方法都应该得出相同的答案。

表 3-3　无杠杆的自由现金流的计算

（单位：万元）

利润表	2017	2018	2019	2020	2021
销售收入	55000.0	65000.0	72000.0	75000.0	80000.0
销货成本	33000.0	39000.0	43200.0	45000.0	48000.0
毛利润	22000.0	26000.0	28800.0	30000.0	32000.0
销售、管理及行政费用	11000.0	12000.0	14400.0	15000.0	16000.0
EBITDA	11000.0	14000.0	14400.0	15000.0	16000.0
折旧摊销*	2875.0	3234.0	3558.0	3825.0	4016.0
息税前利润	8125.0	10766.0	10842.0	11175.0	11984.0
利息费用	850.0	867.0	884.0	902.0	920.0
税前利润	7275.0	9899.0	9958.0	10273.0	11064.0
所得税	2910.0	3959.6	3983.2	4109.2	4425.6
净利润	4365.0	5939.4	5974.8	6163.8	6638.4

现金流量表	2017	2018	2019	2020	2021
经营活动现金流					
净利润	4365	5939	5975	6164	6638
折旧摊销	2875	3234	3558	3825	4016
递延所得税	400	450	500	550	600
营运资本变动	500	510	520	531	541
其他经营活动					
经营活动现金流	7140	9113	9513	10008	10713
投资活动现金流					
资本性支出	4000	4250	4500	4750	5000
其他投资活动					
投资活动现金流	-4000	-4250	-4500	-4750	-5000
筹资活动现金流					
短期借款/（还款）	250	300	275	300	290
长期借款/（还款）					
股利支付	1091	1335	1494	1541	1660
其他筹资活动					
筹资活动现金流	-841	-1035	-1219	-1241	-1370
现金流总变动	2299	3828	3794	4017	4343

* 折旧摊销（D&A）不总是在利润表中单独列示。如果不在利润表中单独列示，那么我们就需要参考现金流量表来确定一定时期的折旧摊销额。

表 3-4　无杠杆的自由现金流计算的两种方法

（单位：万元）

方法一　以经营性现金流为起点					
	2017	2018	2019	2020	2021
经营活动现金流	7140	9113	9513	10006	10713
1. 加回税后利息费用					
税前利息费用	850	867	884	902	920
所得税税率	40%	40%	40%	40%	40%
税后利息费用	510	520	530	541	552
2. 减去资本性支出	4000	4250	4500	4750	5000
自由现金流	3650	5384	5543	5799	6265

方法二　以息税前利润为起点					
	2017	2018	2019	2020	2021
息税前利润	8125	10766	10842	11175	11984
1. 减去以息税前利润为基数的所得税					
所得税税率	40%	40%	40%	40%	40%
所得税	3250	4306	4337	4470	4794
息前税后利润	4875	6460	6505	6705	7190
2. 调整息前税后利润					
加回折旧摊销	2875	3234	3558	3825	4016
加回递延所得税	400	450	500	550	600
减去营运资本增加	500	510	520	531	541
3. 减去资本性支出	4000	4250	4500	4750	5000
自由现金流	3650	5384	5543	5799	6265

计算无杠杆的自由现金流的常见错误

在计算无杠杆的自由现金流的过程中，可能出现的几种常见错误如下，在实践中我们应尽可能规避。

- 基准方案估值应以"基准情景"的预测为基础。对基准情景的预测不应过于乐观激进。
- 必须通过敏感性分析来分析预测变化（如利润率的变化、成本的变化、销售收入增长率的变化等）给基本假设带来的影响。
- 预测期的终点应代表一种"稳定状态"或者说正常的商业环境，不宜将最后一年确定为行业的高峰或低谷。在分析周期性公司或行业的时候，一定要保证预测期至少应包括一个完整的经营周期，并且预测期的终点不应该是一个周期的顶峰或谷底。因此，一定要尽可能地确保，对于计算终值的预测期的最后一年，相比正常年份不应被夸大或低估。
- 自由现金流计算假设资本成本在计算周期内保持不变，因此，采用无杠杆的自由现金流估值适用于上市公司等资本结构较为稳定的目标群体。

第四步：计算终值。

预测期内无杠杆的现金流量的现值仅代表企业价值总额的一部分。估值的基本前提是企业的永续经营。因此，企业预测期之后的现金流量也需要纳入估值。终值是指预测期后现金流的价值。例如，在对一家上市公司的估值中，分析师预测了5年的现金流，那么从第6年至以后的价值合计就代表终值。

在典型的现金流折现估值中，终值往往在价值总额中占据了相当大的比例，因此，它的计算方法和现金流预测本身一样重要。对于预测期内现金流量为负的公司（通常出现在从事新兴行业或是高新技术的公司），终值的计算尤为重要，因为其终值的绝对值超过估值结果本身。

预测终值主要有两种常用的方法。第一种方法为退出乘数法，第二种方法为永续增长率法。两种方法通常可以共同使用，以便在对所选择的方法进行完整检验的同时，提供更多有价值的数据点。

退出乘数法

这种方法是使用可比公司或可比交易的分析来估计终值。

具体是以估值乘数乘以公司预测期最后一年的财务数据，如企业价值乘数。请注意，在将股权价值乘数（如市盈率）用作终值乘数的时候，为了实现可比性，考虑到永续估值法的结果是企业价值，因此，必须将未来该期间的债务净额加回股权价值，从而得到企业价值。

对投资非上市企业并以公司上市后退出为盈利模式的私募股权公司，在假设退出乘数时会以可比公司的乘数作为参考。在正常情况下，进入乘数会低于上市后的退出乘数，私募股权公司就可以获得盈利增长和乘数扩张的双重效应。除此之外，用于计算终值的退出乘数不应与进入时的乘数存在明显差异，只有这样，投资决策不会因为乘数的扩张而发生变化。在终值计算中，我们不应假设一项在今天按 6 倍 EBITDA 收购的资产会在 5 年后以 12 倍的 EBITDA 出售。如果市场在预测期结束时确实发生变化，使得公司可以按 12 倍的 EBITDA 出售这项资产，那当然是一件好事。然而，如果市场在预测期结束时并未发生变化（即出现乘数扩张），那么，在控股权交易或非上市公司交易未上市的情况下，我们就应避免做出以乘数扩张为盈利前提的投资决策。

考虑到终值表示的截止预测期最后一个年度的估计值，我们必须将终值折现到 0 时点的现值，这样就可以将这个数值与预测期内的现金流现值相加。比如说，假设一家公司在预测期第 5 个年度的 EBITDA 为 1.75 亿元。我们以 1.75 亿元乘以 EBITDA 倍数（假设为 7 倍），由此得到的 12.25 亿元是第 5 年的价值，因而还需要向前折现 5 年，使之转化为现值，这样就可以将这个终值现值与预测期现金流量的现值相加。我们假设估值采用的 WACC 为 9%。

第 5 年的 EBITDA=1.75 亿元。采用以可比公司为基础的乘数（假设本例中采用的倍数为 7），即：

$$1.75 亿元 \times 7 = 12.25 亿元$$

12.25 亿元是第 5 年（或时点 5）的价值。将 12.25 亿元除以 1 加折现率之和，即可得到第 5 年的幂，即：

$$现值 = 12.25 亿元 / (1+9\%)^5 = 7.96 亿元$$

7.96 亿元是预测期最后一年终值的现值。将这个值与预测期内无杠杆的自由现金流的现值相加，即可得出企业价值。

永续增长率法

这种方法是假设公司将永远持续经营下去，因而使用永续公式来估计公司在预测期之后的永久价值。

在使用永续估值公式的大多数终值计算中，均假设公司处于永续增长状态，并采用较低的永续增长率（比如，每年的增长率为 1%~3%）。在采用这种方法时，应以预测期最后一年的无杠杆的自由现金流为基础，按永续增长率计算出下一个年度的现金流，得到代表终值计算第一年的无杠杆的自由现金流，再将第一年的现金流用于永续增长模型中。和终值乘数估值法一样，永续增长模型计算将得到截止预测期结束（本例中为 5 年）的终值。然后将这个终值折现到时点为 0（或第 0 年）的现值，将这个现值与预测期内现金流量的现值相加。

终值计算过程中的常见错误

针对终值的计算，需要避免以下常见的错误：

- 当使用永续增长公式时，一个常见的错误是忘记将预测期最后一年的无杠杆的自由现金流再增长一年，然后再将这个数作为永续公式或永续增长公式中的现金流。
- 永续增长率的假设不能超过经济整体增长率。如果假设永续增长率超过整体经济发展水平，就等于说，随着时间的推移，公司的价值或将无限增长，这显然是不现实的。因此，我们必须将永续模型采用的增长率降低到符合现实的可持续水平。在大多数的现金流折现分析中，均假设每年的永续增长率在1%~3%之间（接近长期GDP增长率）。

- 必须检验公司风险在预测期外是否发生重大变化。在选定情景中，这可能需要我们调整计算终值所对应的折现率。比如说，如果一家大型药物公司的一款主导产品的专利权将在七年内到期，并且研发流程中目前尚无可替代的其他主打产品，那么，考虑到专利权到期后市场竞争风险加剧，因此，我们需要重新计算用于终值的折现率，也就是说对终值计算采取更高的折现率。

第五步：计算加权平均资本成本。

加权平均资本成本（weighted average cost of capital，WACC）是现金流折现分析中使用的折现率。WACC代表了公司的资本成本。和无杠杆的自由现金流一样，资本成本也属于前瞻性的，它是根据对公司未来资本结构和业绩的预期而预测的结果。

WACC是按照公司债务成本和股权成本以及公司最佳资本结构得到的综合折现率。在现金流折现分析中，WACC的作用是作为自由现金流的折现率。因此，当公司的资本成本降低时，企业价值就会相应增加，反之亦然，随着WACC的提高，企业价值会相应减少。

WACC对估值的影响就是时间价值和折现率的关系。比如，我们用两个不同的WACC（5%和10%）对未来1年的1亿元现金流进行折现。如使用5%的WACC，得到的现值为9524万元，但如果使用10%的WACC，这1亿元现金流的现值则变为9091万元。所以，相同的情况下，WACC越高，估值越低（见表3-5）。

表 3-5　不同水平 WACC 的示例

（单位：万元）

	$r = 5\%$	$r = 10\%$
现值 = $CF_n/(1+r)^n$	现值 =$10000/(1+5\%)^1$	现值 =$10000/(1+10\%)^1$
	现值 =9524	现值 =9091
	较低的 WACC 对应于较高的现值	较高的 WACC 对应于较低的现值

WACC 的计算方法如下：

$$WACC = (Ke \times \%e) + [(Kd \times (1-t) \times \%d)]$$

其中，Kd 为债务成本；Ke 为股权成本；$\%d$ 为资本结构中的债务比例；$\%e$ 为资本结构中的股权比例；t 为边际税率。

债务成本通常是指公司在当前市场环境下新借入长期负债的成本。债务成本需按（1-税率）进行调整，因为利息费用可在税前扣除，因而具有抵税效应，所以计算债务成本的时候，应该按照实际的税后成本进行计算。由于股权成本已经考虑到税收因素，因而无须按税率进行调整。

在实务中，通常以 10 年期国债的利率作为无风险利率，因为这种债券基本上不存在违约。在很多财经终端里可以查到具体公司或行业的贝塔值。市场收益率或市场风险溢价则因国别不同而不同。注册估值分析师协会每年会颁布《中国企业资本成本》，例如中国资本市场 2021 年的市场风险溢价为 7.8%。

什么是资本资产定价模型（CAPM）

股权成本（Ke）是采用资本资产定价模型确定的。很多财务类书籍均对 CAPM 模型进行了详细的解析。注册估值分析师协会每年出版的《中国企业资本成本》也对这个模型做了详细介绍。因为其理论过于专业，对于董事高管们来说，只掌握简单的基本概念就可以。

股权成本可以按公司相对整体市场的非系统风险（或称企业特定风险）进行估算。这种非系统性风险由贝塔系数（β）来表示，该指标衡量的是公司股票价格的变动和总体市场收益率同步变化的程度（或者说相关性）。当贝塔系数等于 1 时，说明公司的股价变化与大盘保持完全同步。当一家公司的贝塔系数为 1 时，如果大盘价格上涨 10%，那么这家公司的股价也应上涨 10%。此外，如果一家公司的贝塔系数为 –2，那么当大盘增长 10% 时，这家公司的股价预计将下降 20%：

使用 CAPM 模型计算股权成本（Ke）的过程如下：

$$Ke = R_f + \beta \times (R_m - R_f)$$

其中，R_f 为无风险利率；β 为贝塔系数；R_m 为市场收益率；$R_m - R_f$ 为市场风险溢价。

小知识

收购公司时，估值应该采用收购公司的 WACC 还是目标公司的 WACC？

在对并购交易进行现金流折现分析时，很多新入门的估值分析师会犯一种常见的错误——使用收购方的 WACC 对目标公司估值，即采用收购方的 WACC 对目标公司的无杠杆的自由现金流进行折现。正确的方法是应该使用目标公司的 WACC 对其自由现金流进行折现。折现率必须和现金流所承担的风险相关，考虑到估值的对象是目标公司的现金流，因此，应使用目标公司的 WACC 对现金流进行折现。

假设 ABC 碳中和技术公司针对碳捕捉开发了一种新技术。鉴于公司所从事业务的风险，ABC 公司的管理层认为，应采用 20% 的 WACC

作为现金流的折现率。

我们假设公司管理层为筹集公司发展所需要的资金并引进战略投资人，需要向大型投资者出售部分股权。现在，有两家潜在收购者正在考虑收购 ABC 公司的股权。第一家潜在收购者是大型石化公司，这是一家跨国石油天然气企业，公司持有的多样化资产分布在世界各地。另一家潜在收购者是小型私募股权公司，这家私募股权正在考虑碳中和技术公司。考虑到在行业内的领导地位、规模性及其多元化的业务组合，大型石化公司的管理层认为应采用自身 9% 的 WACC 来对目标公司进行估值。而对于小型私募股权公司，其管理层认为应采用 35% 的 WACC。

那么，两家公司到底应采用怎样的 WACC 对 ABC 公司进行估值呢？

在对 ABC 公司进行估值时，既不应该使用大型石化公司的 9%，也不应该采用小型私募股权公司的 35%，合理的选择应该是公司本身的 WACC，即 20%。因为 20% 才是与 ABC 公司现金流风险相对应的折现率。如果按大型石化公司给出的低 WACC 作为折现率，则会高估 ABC 公司的价值；反之，如果按小型私募股权公司给出的高 WACC 作为折现率，则会低估 ABC 公司的价值。

第六步：计算企业价值与股权价值。

自由现金流折现的结果是企业价值。我们需要依据企业价值和股权价值的公式来计算股权价值。

企业价值 = 股权价值 + 优先股 + 非控股股东权益 +
有息负债 – 现金及现金等价物

如果目标企业不存在非控股股东权益和优先股，则公式就简化为：

企业价值 = 股权价值 + 有息负债 – 现金及现金等价物

股权价值 = 企业价值 –（有息负债 – 现金及现金等价物）

= 企业价值 – 净负债

第七步：敏感性分析。

通过计算我们可以发现，折现率、永续增长率、销售收入增长率等假设都会对估值结果产生重要影响，特别是折现率或永续增长率的变化对估值变化更为敏感。因此，为了获得估值区间，在完成股权价值计算后，我们还要看在不同的区间变化下估值结果呈现的变动区间。通常我们使用双因素敏感性分析功能来进行计算，就是假设两个因素同时变化的情况下对应的估值结果（见表3-6）。

表3-6 双因素敏感性分析

		永续增长率					
	26.9	1.0%	1.5%	2.0%	2.5%	3.0%	3.5%
	7.0%	33.4	36.3	39.9	44.3	49.7	56.7
	7.5%	29.2	31.6	34.5	37.9	42.1	47.3
WACC[①]	8.0%	25.7	27.7	30.0	32.7	36.0	40.0
	8.5%	22.6	24.3	26.2	28.4	31.0	34.2
	9.0%	20.0	21.4	22.9	24.8	26.9	29.4
	9.5%	17.6	18.8	20.1	21.7	23.4	25.5
	10.0%	15.6	16.6	17.7	19.0	20.4	22.1

（续）

	EBITDA 退出乘数					
18.8	5.0x	6.0x	7.0x	8.0x	9.0x	10.0x
7.0%	24.2	28.5	32.8	37.2	41.5	45.8
7.5%	22.7	26.9	31.0	35.1	39.3	43.4
WACC[②] 8.0%	21.3	25.3	29.2	33.2	37.1	41.1
8.5%	20.0	23.8	27.6	31.3	35.1	38.9
9.0%	18.8	22.4	26.0	29.6	33.2	36.8
9.5%	17.5	21.0	24.4	27.9	31.3	34.7
10.0%	16.4	19.7	23.0	26.3	29.5	32.8
	EBIT 增长率					
26.9	4.0%	5.0%	6.0%	7.0%	8.0%	9.0%
7.0%	35.4	39.8	44.6	49.7	55.3	61.3
7.5%	29.7	33.5	37.6	42.1	46.9	52.2
WACC[③] 8.0%	25.0	28.4	32.1	36.0	40.3	44.9
8.5%	21.3	24.3	27.5	31.0	34.8	38.9
9.0%	18.1	20.8	23.7	26.9	30.3	34.0
9.5%	15.5	17.9	20.6	23.4	26.5	29.8
10.0%	13.2	15.4	17.8	20.4	23.2	26.2

①基于永续增长方法，在不同 WACC 值和永续增长率情况下的股权价值；
②基于终值倍数方法，在不同 WACC 值和退出乘数情况下的股权价值；
③基于不同的 EBIT 增长率和不同的 WACC 值情况下的股权价值。

估值区间

在进行了各种估值分析之后，我们还需要对依据这些方法得出的估值范围进行审核，并利用这些信息确定公司的最终估值范围。这就涉及估值工作中经常用到的"足球场式图"，它是以图形方式描绘出使用不同估值方法得到的各种估值范围（见图 3-3）。

一般而言，足球场式图将显示出，可比公司分析的估值范围低于可比交易分析的估值范围,因为可比先例交易通常包括控制权溢价,但也并非总是如此。

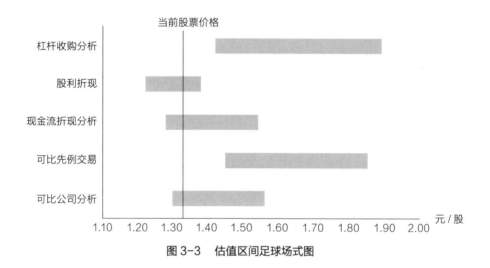

图 3-3　估值区间足球场式图

在图 3-3 中,1.33 元的当前股票价格处于 1.30 元~1.56 元的可比公司分析估值区间内。可比公司分析的估值区间低于 1.45 元~1.85 元的可比先例交易分析估值区间。这通常是预期估值结果,因为可比先例交易的估值乘数包含了控制权溢价,而在可比公司分析中,可比公司的交易乘数则不包括控制权溢价。在图 3-3 中,可比公司分析的估值区间与现金流折现分析的估值区间基本一致,这表明投资者对目标公司做出了近似于内在价值的估值。

如果所示的公司正在准备出售,而且有一个潜在收购者准备给出每股 1.6 元的报价,那么从财务角度来看,这个报价可能会根据以下事实被视为"公允"价格:

(1)每股 1.6 元相对于当前每股 1.33 元的价格,有每股 0.27 元的溢价,即包含了 20% 的溢价率。

（2）每股 1.6 元存在于 1.45 元~1.85 元可比先例交易分析估值区间的高端。

（3）每股 1.6 元超出 1.28 元~1.54 元的现金流折现分析估值区间或者说"内在价值"区间的上限 0.06 元。

虽然每股 1.6 元的报价或许可以被视为公允价格，但出售方在接受报价之前还要权衡其他要素，包括提供的对价方式（现金或股票）以及投标人的身份等。

假设市场会根据现金流折现分析估值法对这家公司做出正确的估值，那么，公众投资者愿意为获取这家公司的非控制性股权而支付的最高价值应该是每股 1.54 元。如果收购者给出的要约收购价格是每股 1.6 元，那么，这个要约价格将超过公司本身的内在价值。因此，潜在收购方愿意为一家公司支付每股 1.6 元的唯一理由应该是：由于潜在收购方可以创造出每股超过 0.06 元的协同价值，而公司在独立估值基础上的价值最多是每股 1.54 元，因此，即使为获取目标公司控制权而多支付每股 0.06 元的协同效应价值后，每股 1.6 元对收购方而言仍是一笔有助于创造价值的交易。

在同一个例子中，如果现金流折现分析得到的估值区间是如图 3-2 所示的每股 1.5 元~1.7 元，而不是图中的每股 1.28 元~1.54 元，那么，目标公司就有可能不愿意接受每股 1.6 元的报价。如果目标公司对战略规划和预测的准确性坚信不疑，那么，其就会尝试去实现这个战略规划，这样市场就可以有足够的时间以更高的股价来回报投资者。假设市场最终确实兑现了目标公司的内在价值（假设现金流折现分析得到的估值区间为每股 1.5~1.7 元），那么这家公司在公开市场上的价值可能超过收购方给出的每股 1.6 元。

对现金流折现模型的检验

我们可以采用多种方法对现金流折现分析进行检验。随着经验的增加，以及我们对这种分析类型的熟悉，我们可以独立开发用来检验现金流折现分析结论合理性的方法。

- 将模型中的折现率改为零，在这种情况下，现金流的现值应等于名义现金流之和。如果对这个过程没有直观感受，不妨考虑用最基础的数学运算：在进行现金流折现分析时，直接采用名义现金流，并将这个现金流除以（1+折现率）；但如果折现率为0，那么折现因子（即除数）等于（1+0）或者说1，任何数除以1的结果都等于其自身。此外，1的任何次幂也都等于1（$1^n=1$）。在这种情况下，折现期的数量与结果将毫无关系。

- 任何不一致的数字都可能是由于输入错误，因此，必须对不一致的数字进行反复核对，以确保不会出现笔误。

- 进入倍数和退出乘数应相互对应，不能假设未来几年退出乘数较高便做出现金流折现估值也会相应增加的推断。除非有具体原因并且在分析中做出明确解释，否则不应做出倍数扩展或倍数压缩（未来几年的退出乘数降低）的结论。

- 千万不要试图通过调整WACC来强化（或是弱化）你对预测的信任程度。反之，应该调整或"修正"预测本身，并使用你认为最能反映公司资本成本的WACC。换句话说，如果你认为现金流的预计过于乐观，就应该减少名义现金流，以代表更符合实际情况的基准情景，并始终采用最符合这些现金流风险水平的WACC。千万不要试图通过增加或降低折现率来调整估值结果。对现金流的预测反映的是自由现金流的预期值，预期值的区间应充分考虑预测期内最有可能发生的各种经营情景。此外，需要使用敏感性分析和情景分析来反映现金流的不确定性。

现金流折现分析的主要优缺点

主要优点

现金流折现分析被认为是确定公司自身价值或内在估值的最佳方法之一,因为相对于其他估值方法,其不容易受到外部因素的影响。此外,现金流折现分析具有较大的灵活性,可用于对独立的单位、子公司或资产进行估值。现金流折现分析在并购环境下尤为有效,因为它是一种前瞻性分析,可以在预测中充分考虑公司长期战略规划以及增长率和营业利润率等关键变量的预期变化。

主要缺点

使用现金流折现分析的最大挑战在于,现金流折现分析的基础是预测,而任何预测都不可能是完美无瑕的。相反,它们仅仅是对未来有一定根据的猜测。此外,编制预测财务报表的人往往会对公司的未来前景持乐观态度(比如说,公司管理者往往对公司增长前景持乐观态度,而且内部预测大多是由公司管理人员编制的)。这种乐观偏差或许会导致现金流折现分析被夸大价值。另一个有可能导致现金流折现分析夸大估值的问题是:在计算对公司现金流进行折现的 WACC 时,采用的数据往往来自规模较大且风险较小的同行企业。也就是说,如果 WACC 被人为压低的话,得到的现金流折现价值就会被夸大。

还有一个常见的错误是,预测并没有涵盖公司的整个经营周期。比如说,如果公司预测仅延续 5 年,但企业却在第 7 年发生重大变化,那么,采用 5 年预测期的现金流折现分析就有可能夸大或低估价值(具体取决于第 7 年的变化是有利还是不利的),因为预测并没有反映出发生在第 7 年的重大变化。为避免这种风险,必须保证预测财务报表至少应覆盖一个完整的商业周期

（通常是 5~10 年），或者让预测期覆盖整个现金流保持"正常化"的期限，一直延续到现金流出现"非正常化"再到正常化为止。此外，现金流折现分析往往对某些假设极为敏感（比如销售增长率、营业利润率、资本性支出、计算终值的方法以及预测期等），因此必须对这些变量的预测采取非常谨慎的态度。

根据实际要求以及数据的可获取性，现金流折现分析既有可能非常简单，也有可能极为复杂。归根到底，为进行分析所需要的预测质量，将最终决定现金流折现分析的完整性和正确性。

表 3-7 和表 3-8 展示了一个现金流折现，该例中包含了本章所讨论的全部概念。

表 3-7　现金流折现示例

（单位：万元）

折现期（n）	1	2	3	4	5	6	7	8	9	10
	2018	2019	2020	2021	2022	2023	2024	2025	2026	2027
息税前利润	1070	1145	1225	1311	1403	1501	1606	1718	1838	1967
所得税	268	286	306	328	351	375	401	430	460	492
息前税后利润	803	859	919	983	1052	1126	1204	1289	1379	1475
对息前税后利润的调整										
折旧摊销	321	343	368	393	421	450	482	515	552	590
递延所得税	107	114	123	131	140	150	161	172	184	197
营运资本变动	214	229	245	262	281	300	321	344	368	393
其他现金支出	107	114	123	131	140	150	161	172	184	197
资本性支出	321	343	368	393	421	450	482	515	552	590
自由现金流	589	630	674	721	771	825	883	845	1011	1082
加权平均资本成本（9%）										
折现因子	0.92	0.84	0.77	0.71	0.65	0.60	0.55	0.50	0.46	0.42
自由现金流现值	540	530	520	511	501	492	483	474	466	457
自由现金流现值合计（4974）										

表 3-8 现金流折现分析（除每股数据之外两种方法的金额单位均为万元）

永续增长率法		退出乘数法		
加权平均资本成本	9%	加权平均资本成本	9%	9%
永续增长率	3%	假设退出企业价值乘数	5	6
无杠杆的自由现金流（2031 年）	1082			
无杠杆的自由现金流预测期末下一年	1114	EBITDA（最后一年）	2557	2557
终值	18573	终值	12786	15344
终值现值	7846	终值现值	5401	6481
现金流现值合计	4974	现金流现值合计	4974	4974
企业价值	12820	企业价值	10376	11456
现金及现金等价物（2021 年底）	250	现金及现金等价物（2021 年底）	250	250
有息债务（2021 年底）	5000	有息债务（2021 年底）	5000	5000
净负债	4750	净负债	4750	4750
股权价值	8070	股权价值	5626	6706
普通股数量	300	普通股数量	300	300
每股价格	26.9	每股价格	18.8	22.4
隐含退出企业价值乘数	7.3	隐含永续增长率	0.3%	1.7%

3.4 收益法——杠杆收购分析

杠杆收购是一种特殊类型的收购，通常具有如下三个显著特征：

- 杠杆收购中的收购方，不论是财务投资者还是战略投资者，以股权和债务为资金来源收购目标公司的，股权资金所占比例通常为 30%。

- 与战略投资者相比，财务投资者会采用更多的债务为其收购提供资金，以最大限度地提高股权收益率。鉴于杠杆收购中的债务水平较高，因此，杠杆收购中的优先级债务（银行债务）通常以被收购公司的资产做担保，而次级债务通常无担保，而且信用评级低于投资级。
- 如果目标公司是上市公司，财务投资者将收购目标公司的全部股份，从而将公司进行私有化。因此，杠杆收购有时也被称为"私有化"交易或者退市交易。

鉴于杠杆收购采用的杠杆率较高，因此在相对成熟的行业中，拥有持续稳定增长性现金流的公司往往是最理想的潜在收购目标，这些稳定的现金流为收购方偿还债务提供了资金来源。私募股权基金等财务投资者在收购后通常会计划持有被收购公司3~5年的时间，随后，财务投资者将以多种途径退出投资，包括直接将公司出售给其他收购方，或是对被收购企业实施IPO并在首次发行或后续发行中出售股份。从开始投资到通过直接转让或是在股票市场上IPO退出投资的这段时期内，私募股权基金通常希望能取得15%~35%的年复合收益率，具体水平则取决于他们对风险水平的界定。对于一笔安全性更高而且只需要投入很少时间和关注的投资，接近20%的收益率或许就会让私募基金的财务投资者感到满意，但当投资风险很高，财务投资者可能会要求接近30%的收益率。

> **小知识**
>
> **财务投资者、私募股权基金和杠杆收购公司的商业模式**
>
> 　　财务投资者、私募股权基金和杠杆收购公司是同义词。在杠杆收购交易中，私募股权基金往往就是出资者，或者说财务投资者，他们收购

股权并非是长期持有。之所以要创建私募股权或杠杆收购公司，其目的在于：①筹集已承诺的资金池；②通过收购公司而使用基金方的资金进行投资；③在收购后提高企业的价值；④出售被投资公司，通过买卖差价实现收益。

杠杆收购分析

杠杆收购分析类似于现金流折现分析，都是兼顾公司未来现金流及其风险特征的前瞻性方法。现金流折现分析和杠杆收购分析均包括四个相同的基本变量：现金流、终值、折现率和现值。在两种类型的分析中，均给出了三个已知要素，并要求我们求解第四个要素。两种类型的分析的主要区别在于：现金流折现分析需要求解的是现值（公司的企业价值），而杠杆收购分析则需要找出股权投资者的内部收益率（IRR），也就是说，它需要求解的是股权投资的内部收益率。杠杆收购分析有助于投资者回答这样一个问题："如果我想通过一笔股权投资取得至少25%的内部收益率，且假设财务预测可以实现，我能支付的最高的收购价应该是多少？"（参见表3-9）

表3-9 现金流折现分析与杠杆收购分析

现金流折现分析（DCF）	输入变量： 预测现金流 折现率（WACC） 终值	输出变量： 企业价值（现值）
杠杆收购分析（LBO）	输入变量： 预测现金流 收购价格（现值） 出售价格（终值）	输出变量： 内部收益率IRR（股权折现率）

> **小知识**
>
> **EBITDA 对于财务投资者的重要性**
>
> 财务投资者尤其关注公司通过经营创造现金流的能力，而 EBITDA 就是现金流的替代指标。作为一种近似手段，财务投资者可以从现有的 EBITDA 出发，在此基础上，考虑公司的 EBITDA 在收购后会有怎样的改进或增长，以及要维持这种 EBITDA 增长需要投入多大的资本性支出。此外，财务投资者需要考虑的是，收购价格必须达到怎样的 EBITDA 乘数，在收购后 EBITDA 可以实现怎样的增长以及在退出时可以实现的 EBITDA 退出乘数。

主要构成要素

在前文中，我们介绍了现金流折现分析的三个基本构成要素，包括公司：①在预测期内的无杠杆的自由现金流；②加权平均资本成本；③预测期结束时的终值。在进行杠杆收购分析时，这三个构成要素略有不同。比如说，杠杆收购分析关注的不是无杠杆的自由现金流，而是偿债之后的权益现金流。

可用于偿付债务的现金流（CFADS）与现金流折现分析一样，构建预测模型也是杠杆收购分析的第一步。预测模型的作用是估计公司的未来现金流。现金流折现分析侧重于无杠杆的自由现金流（在支付债务和股权持有人股息之前），而杠杆收购分析侧重于偿还债务之后归属股东的权益现金流（参见表 3-10）。

表3-10 现金流折现分析与杠杆收购分析

现金流折现分析 无杠杆的自由现金流		杠杆收购分析 偿债之后的权益现金流	
起点	净利润	起点	净利润
增加	折旧摊销	增加	折旧摊销
增加(减少)	递延所得税的改变	增加(减少)	递延所得税的改变
增加(减少)	其他非现金费用	增加(减少)	其他非现金费用
(增加)减少	净营运资本的变化	(增加)减少	净营运资本的变化
等于	来自经营活动的现金流量	等于	来自经营活动的现金流量
增加	税后利息费用	不适用	无须调整利息费用
减少	资本性支出	减少	资本性支出
等于	无杠杆的自由现金流	减少	偿还银行贷款
		等于	权益现金流

注:括号中的所有数值均为现金的使用;不在括号中的所有数值均为现金来源。

收购价值和退出价值

在杠杆收购分析中,股权持有人的内部收益率(IRR)是按如下参数计算得到的:①投资收购对价中以股权支付的部分(现值);②预测期内向股权持有人支付的股息(如有);③股权的出售价格(在预测期结束时股权持有人取得的现金流)。在关于杠杆收购的专业术语中,根据收购价值可计算出收购乘数。大多数财务投资者关注的收购乘数是企业价值乘数,或是被简单地称为"EBITDA收购乘数"。退出价值则是财务投资者预计未来出售被收购公司的价值。如果财务投资者将被收购公司出售给另一个买方,那么就应该将退出价值与收购价值进行比较。在杠杆收购分析中,退出价值类似于现金流折现分析中的终值。在分析中,财务投资者通常会假设以EBITDA倍数为基础的退出乘数等于收购乘数,为假设的退出乘数提供一个基准值。

内部收益率（IRR）与现金收益倍数

在现金流折现分析中，加权平均资本成本是用于对预计自由现金流和终值进行折算的折现率。在杠杆收购分析中，对股权持有者而言，内部收益率的计算取决于：①收购对价中以股权支付的部分（时点为 0 的现金流）；②预测期间支付的股息（如有）；③股权在未来的出售价格或市场价值（时点为 n 的现金流）。通常为财务投资者根据既定预计现金流、退出价值及其风险基础上可以接受的内部收益率。在实务中，投资人会根据要求的最低内部收益率计算得出最高的股权收购价格，并以此确定最终的收购价格。当然，确定的最终收购价格不会高于根据最低内部收益率要求计算出的股权收购价格。对基准内部收益率的确定，和其他公司的财务从业者一样，面对风险水平较低的投资，财务投资者会接受较低的内部收益率，而风险更高的投资则需要得到更高的内部收益率。

现金收益倍数是指投资人退出时实现的退出价值与投入的资本比值。特别是比较不同的项目时，投资人要选择最高收益的项目，而非内部收益率最高的项目。比如说，我们假定在 1 年、3 年、5 年和 7 年的时期内投入 1 亿元，三笔投资的内部收益率分别为 45%、35%、25% 和 20%。如表 3-11 所示。虽然 1 年期投资的内部收益率最高，达到 45%，但财务投资者却有可能放弃更高的内部收益率，以换取更高的投资收益——如 5 年和 7 年的情景所示（假设在较长时期内持有投资的风险是可接受的）。

表 3-11 退出年限与内部收益率

投资	期限	IRR	退出价值	收益	收益倍数
1 亿元	1 年	45%	1.45 亿元	4500 万元	1.45
1 亿元	3 年	35%	2.46 亿元	1.46 亿元	2.46
1 亿元	5 年	25%	3.05 亿元	2.05 亿元	3.05
1 亿元	7 年	20%	3.58 亿元	2.58 亿元	3.58

> **小知识** **内部收益率不代表可以向银行举债的能力**
>
> 内部收益率不仅是杠杆收购分析中重要的第一步,也是财务投资者优先考虑的诸多重要收益指标之一。我们经常会听到这样的说法:"你不能用内部收益率去说服银行给你贷款"或是"你不能靠着内部收益率吃饭"。对为杠杆收购提供大部分必要资金的银行来说,其关心的不是股权内部收益率,而是如何收回本金和利息以及安全性。银行能够借给投资人多少贷款,主要取决于杠杆乘数和偿债备付率等一系列约束条件的限制。

传统的杠杆收购目标企业

杠杆收购的成败不仅取决于杠杆收购公司能否取得足够的现金用以及时偿还债务本息,还有赖于公司管理层推动公司成长和创造价值的能力。那么,到底哪种类型的企业能够做到这一点呢?实际上,无论置身于哪个行业,成功的杠杆收购都需要目标公司具备某些特征。具体而言,财务投资者通常会寻找具有如下特征的目标公司:①具有某些不利特征但拥有大量资产的企业(例如管理不善但具有强大品牌优势、有增长或上升潜力的公司);②拥有稳定的现金流;③对资本性支出的要求较低;④拥有可出售并创造现金的超额资产。

拥有大量资产的企业

拥有大量资产是一个广义的概念,包括管理不善或管理低劣却拥有优质资产的企业。资产基础雄厚,就可以用来向银行进行抵押,银行也愿意为这些企业提供贷款。

稳定的现金流

之所以对稳定现金流提出要求,是因为在杠杆收购中,债务具有固定偿还义务的属性。财务投资者需要评估他们预测的公司现金流,在足够审慎的前提下尽可能使用更多的债务,从而实现股权收益率的最大化。

对资本性支出的要求较低

资本性支出是现金的使用,因而会减少现金流量。即使这些资本性支出有可能在未来带来不菲的投资收益,但任何资本性支出都会减少可用于偿还债务的现金流。

超额资产

预计现金流的形成,可能需要充分利用公司的大部分核心资产。但预计现金流也有可能不会体现公司的全部资产。比如说,一家工具制造商在海南有一个度假村,但这个度假村显然不是公司生产工具所需要的。这就是超额资产的概念。在收购交易完成之后,公司可以马上出售这些所谓的超额资产,并以处置收入用于偿还收购债务。通过出售超额资产来偿还收购债务,是一种典型的杠杆收购策略。在杠杆收购分析中,重要的是不仅要评估杠杆收购目标是否拥有可用于偿还债务的超额资产,还要考虑这个目标是否存在未体现于资产负债表或生产过程的非融资性负债,比如环境风险、补偿性费用,以及版权或商标侵权赔偿等项目,这些负债都将损害价值。

3.5 部分加总分析法

部分加总分析是一种重要的估值方法,它考虑的是将公司各组成部分的价值汇总,并与将公司作为一个整体得到的估值结果进行比较。部分加总分析法中对每一部分的估值,也需要用到前面所说的市场法、收益法或是成本法。采用这种方法的目的就是回答这样一个问题:部分价值之和是否大于整体价值?

将部分加总分析与其他估值方法结合使用,可以用来分析拥有两个或更多主营业务的公司。在进行部分加总时，主要考虑的是税务影响以及分拆或出售一项资产或一家子公司所涉及的执行风险。

如果被收购目标公司拥有收购者不需要或是可能用不到的资产或子公司，或者投资者对目标公司拥有的资产或子公司估值不高，那么部分加总分析就会成为一项非常重要的估值工作。进行部分加总分析的目的，就是研究分离这些不需要的资产与需保留资产的可行性，以及在进行分离时，交易能否继续为收购创造价值。

比如，我们假设集团公司有两家子公司：造纸公司和电机公司。收购方希望收购的是造纸公司，并认为造纸公司和电机公司的价值各为5亿元。通过进一步分析，收购方认为可以按9亿元的价格收购整个集团公司，随后再以5亿元的价格卖掉电机公司。如果收购方最终成功以5亿元卖出电机公司，那么它实际上就是以4亿元的价格（整个集团公司的收购价格为9亿元，扣除出售电机公司收到的对价5亿元）买下造纸公司（未考虑因出售电机公司而带来的任何纳税义务责任或是顾问费用）。由于收购方认为造纸公司的估值为5亿元，因此如果出售电机公司的税收义务及顾问费用不到1亿元，那么收购方可以买下整个集团公司，然后再卖掉电机公司，从而以低于造纸公司独立估值的价格将其买下。这样，这笔交易就可以为收购方创造价值。

部分加总分析法的基本流程

部分加总分析法主要由如下六个基本步骤构成：

第一步：对主要业务部门进行独立估值。

第二步：确定负债并将负债在各主要业务部门之间进行分配。

第三步：考虑对主要业务部门进行分解带来的潜在税务影响。

第四步：评估第一步中未包含的其他资产和负债（如非经营性房地产等）。

第五步：汇总各主要业务部门的税后价值。

第六步：将部分加总后的价值与针对公司整体得到的估值结果进行比较。

第一步：对主要业务部门进行独立估值。

对目标公司的每个主要业务部门都应进行独立的估值。针对每个业务部分选择的估值在很大程度上取决于资产或子公司的类型以及最有可能采取的处置方法。例如，如果可以通过首次公开发行或剥离方式分离主要业务部门，那么就应该采用可比公司分析作为基本估值方法。如果可以将主要业务部门出售给另一家公司，可比交易分析或现金流折现分析则是最佳的估值方法。如果私募股权买家有可能对主要业务部门感兴趣，或许可以考虑采用杠杆收购分析。在实践中，除非收购方与公司已进入交易阶段，否则其很难在子公司或资产层面获得非常详细的财务数据，因此在开始尽职调查之前，分析通常会局限于在比较宽泛的财务数据的基础上进行。

第二步：确定负债并将负债在各主要业务部门之间进行分配。

如果每个业务部门的财务数据均可获得，或是可以通过公开渠道得到这些数据，这个步骤可能相对简单。否则的话，收购方就需要对负债的分配做出合理假设，包括借款和非借款类负债（如应收账款和应付工程款等）。在收购方进行尽职调查并可获取其他补充信息时，可以对这些假设做进一步的完善。

第三步：考虑对主要业务部门进行分解带来的潜在税务影响。

分离资产或业务带来的税务影响可能很大。部分加总分析的关键点在于，任何分解分析都不能缺少对潜在纳税义务的考虑，因为税收可能会导致价值稀释，而不是创造价值。因此，必须将分解每项业务的税务成本估值合理分配给这项业务，并作为资产或子企业价值的递减项目。

第四步：评估第一步中未包含的其他资产和负债。

这与在现金流折现分析中的步骤基本相同。因此，合理的做法是，确定在第一步所进行的估值中，是否存在尚未包含的其他价值或成本，如果存在这样的项目，就应据此增加（存在额外的价值）或减小（额外的成本）估值。在这里，其他资产和负债可以包括非经营性房地产、环境或诉讼赔偿等。

第五步：汇总各主要业务部门的税后价值。

应该将全部资产和业务扣除税收影响后的价值汇集加总；然后，再从这个总额中减去未分配的公司债务，从而得到股权价值的估值。

第六步：将部分加总后的价值与针对公司整体得到的估值结果进行比较。

对比分解估值的区间与针对整个公司得到的总体估值，可以判断局部估值的总和是否大于整体估值。当然，我们不能百分之百地认为，局部加总之和一定大于整体估值，因为分解过程总会伴随着执行风险——也就是说，收购方可能无法按估计价格出售或分离单项资产或业务。但在对整个公司报价时，这种局部分解分析可以为收购方合理报价提供更多的信心。特别是在收购综合性集团公司时，在考虑其他业务被出售或剥离之后，收购方可能会发现，与直接收购目标核心业务相比，它或许可以按低得多的价格（按集团总体收购价格减去剥离资产价值）取得目标资产。

为说明如何进行这种分解分析，我们以一家多元化公司为例，这家公司包括三个主要业务部门：出版业务公司、旅游服务子公司和房地产投资公司。假设收购方只想保留出版业务公司，且决定为此收购整个多元化公司。然后，收购方将在后续交易中清理旅游服务子公司和房地产投资公司。表3-12为这三个主要业务部门的独立估值结果。多元化公司的债务总额将在三个业务分部之间进行分配，在此基础上，确定每个业务分部的市场价值估值区间。此外，我们假设，出售旅游服务子公司和房地产投资公司的股权均需承担纳税义务。因此，这两个主要业务部门的企业价值区间应为税后的估值区间。由于出版业务公司将被保留下来，因而无须纳税。即使考虑到卖出旅游服务子公司和房地产投资公司引发的潜在纳税义务，多元化公司按部分加总分析法得到的价值（27.00~34.30 元 / 股）依旧远远高于其当前的市场价格（19.00 元 / 股）。

表 3-12 多元化公司的部分加总分析（除每股数据之外，所有金额单位均为万元）

	企业价值区间[①]		分配的负债	股权价值区间[②]	
	高	低		高	低
业务部门 – 保留出版业务公司	1500	1200	450	1050	750
业务部门 – 剥离的旅游服务子公司（税后）	900	700	300	600	400
业务部门 – 剥离的房地产投资公司（税后）	600	450	50	550	400
各业务部门价值合计（税后）[③]	3000	2350	800	2200	1550
其他需要保留的资产（税后）	125	100	50	75	50
整个公司的估值合计[④]	3125	2450	850	2275	1600
完全摊薄的流通股数量（万股）				100	100
按部分加总分析法得到的隐含每股价值[⑤]				22.8	16
当前股票价格（元 / 股）				12	12
收购整个公司的控制权溢价				25%	20%
隐含的每股收购价格[⑥]				15	14.4
按部分加总法得到的额外价值[⑦]（元 / 股）				7.8	1.6

① 主要子公司的企业价值估值范围；对于准备剥离的实体，以其税后价值作为估值结果。
② 从企业价值范围中减去已分配的债务净额，即为股权价值的估值区间。
③ 分别代表三大业务板块的企业价值、已分配债务净额和股权价值之和。
④ 分别代表三大业务板块的企业价值、已分配债务净额和股权市场价值和其他资产价值之和。
⑤ 按部分加总分析法得到的整个企业价值除以完全摊薄的流通股数量。
⑥ 以当前股价乘以（1+ 控制权溢价估计值），即为收购该公司所需要的潜在报价。
⑦ 按部分加总分析法得到的隐含每股价值减去隐含的每股收购价格。

3.6 成本法估值

成本法属于资产评估的基本方法之一,甚至是早期主流的估值方法。随着市场经济的发展和并购交易市场的活跃,企业估值方法越来越成熟,收益法和市场法成为并购交易估值的主流方法。

成本法估值的基本思路是按照重建或者重置被评估对象,将重建或者重置成本作为确定标的对象价值的基础,扣除贬值因素的影响,以此确定标的价值的评估方法。这里隐含的基本含义是投资人所愿意支付的价格不会超过该项资产的现行购建成本。如果标的对象并非全新,投资人所愿意支付的价格还会在全新购建成本的基础上减去各种贬值,简单来说,成本法估值的公式如下:

评估价值 = 重置成本 − 实体性贬值 − 功能性贬值 − 经济性贬值

资产的重置成本就是资产的现行再取得成本。重置成本的构成要素一般包括购置或建造评估对象的直接成本、间接成本、资金成本、税费及合理的利润。更具体来说,重置成本可以进一步区分为复原重置成本和更新重置成本。

资产的实体性贬值也称为有形损耗,是指资产由于使用及自然力的作用导致的资产物理性能损耗,或下降引起的资产价值损失。资产的实体性贬值通常采用相对数计算,即资产实体性贬值率,用公式表示为:

资产实体性贬值率 = 资产实体性贬值 / 资产重置价值 × 100%

资产实体性贬值的计算可以使用观察法、使用年限法及修复费用法等。

资产的功能性贬值是由于技术相对落后造成的贬值。在计算功能性贬值时,主要根据资产的效用、生产加工能力、能耗水平等功能方面的差异造成的成本增加或效益降低,相应确定功能性贬值额。功能性贬值额可以用每年形成的成本差异在资产的寿命期内进行折现并求和。

资产经济性贬值主要表现为资产利用率下降或是闲置，并导致资产的运营收益减少。经济性贬值额也可以采用每年的经济性损失在资产的寿命期内进行折现求和。

成本法是资产评估中最基础的评估方法，允分考虑了资产的损耗，评估结果更能反映市场对于获得某单向资产愿意付出的平均价格，有利于评估单项资产和具有特定用途的资产。另外，在无法预测资产的未来收益或市场缺乏可比交易参考目标的情形下，成本法能提供比较客观和可行的测算思路和方法。但是，成本法的理论基础是成本价值论，使用该方法测算出来的企业价值无法从未来收益的角度反映能够给企业带来的收益。特别是对轻资产企业而言，如果使用成本法评估，很难将无形资产计入评估资产的价值之中。所以，成本法虽是资产评估的主要方法，但在企业并购估值这类以未来盈利能力为重点的估值中，不是确定目标价值的主要方法。

3.7 早期项目估值

早期项目是较为特殊的一类企业，通常是天使轮投资、创业企业和风险投资企业经常遇到的企业类型。这类企业的一个共同特点是处于成立初期，商业模式未完全成熟，项目尚未盈利，甚至尚未产生销售收入。这类企业未来的现金流可预测性及预测的可靠性较差，因此很少采用现金流折现法对其进行估值。早期项目估值有几种常用的方法，董事高管们可以对此做基本了解。

计分卡估值法

本方法是投资机构将该细分行业内初创企业关键估值因素的平均水准与

目标投资机会进行比较,通过主观权重评估目标公司各方面的条件,以确定公司的估值水平。

第一步:投资机构会先预设一个此阶段类型企业融资前估值的市场平均水平,这个水平没有绝对的标准,根据行业的基本情况即可。我们假设一个典型的早期初创企业的平均融资前估值大约为1500万元。

第二步:投资机构会列出影响初创企业能否成功的关键因素,这些因素通常包括管理团队、市场与营销、产品与技术、市场竞争等方面,并按照主观经验对不同的关键因素赋予权重(见表3-13)。

表3-13 关键因素权重分布

关键因素	权重(%)
管理团队	30
市场与营销	20
产品与技术	30
市场竞争	20

第三步:投资机构会将目标公司与同行公司的平均情况进行比较,并对每一个要素进行打分。例如一家公司拥有市场平均水平的产品和技术,该项打分可以用100来表示。如果目标企业的表现比市场平均水平更好,那么其得分就可高于100,否则就低于100(见图3-4)。

图3-4 得分情况

第四步：投资机构将权重估值与目标公司百分比权重相乘，并将所有得分相加得出估值（见表3-14）。在上述例子中，目标公司的总分约为0.85，和平均估值1500万元相乘，就可得到目标公司的融资前估值为1275万元。

表3-14 评分汇总

对比要素	权重（%）	目标公司水平（%）	分值
管理团队	20	0.78	0.156
市场与营销	30	0.97	0.291
产品与技术	30	0.76	0.228
市场竞争	20	0.87	0.174
合计			0.85

> **小知识**
>
> **投前估值与投后估值**
>
> 投前估值，就是投资前的估值，也称为融资前估值。投后估值就是投前估值加上融资的金额。例如投前估值是3000万元，风投机构投资1000万元，那么投后估值就是4000万元，风投机构占股权比例就是1000/4000=25%。所以，当谈到估值时，特别是对初创企业来说，董事高管们在和投资人沟通时，要明确双方讨论的估值水平是投前估值还是投后估值。

VC快速估值法

VC快速估值法是一种常用的早期项目估值方法。首先，初创企业需要向投资机构阐明他们在未来12个月或18个月的资金需求，或是达到下一个里程碑计划的资金。风投机构如对该公司有兴趣，就会参与投资，对风投机构来说，其不会持有超过初创企业15%~25%的股权。既然融资数额和风投机构所占股份比例是确定的,投后估值也就出来了。根据计算的投后估值,再减去投资额,就等于公司的投前估值。

$$投前估值 = 融资资金需求 / 出让股权比例 - 投资额$$

例如,一家初创企业估计未来 1 年的资金需求是 3000 万元,愿意出让 20% 的股权比例,那么投后估值就是 3000/20%=15000 万元,投前估值就是 15000 万元 –3000 万元 =12000 万元。

VC 风险投资法

VC 风险投资法也是对公司估值的一种快速方法。这个方法的核心是从投资人预期的未来估值水平,按照投资收益率反算投前估值。

第一步:从公司退出时间估算估值。例如,拟融资企业预计 5 年后可以上市或者出售给其他战略投资人。同时对未来的财务报表进行预测,给出退出年份的财务预测数据。

第二步:计算退出价值。根据企业预测的退出年财务数据,按照经验企业价值乘数、市盈率或是销售收入乘数,根据目标企业财务数据计算退出年份股权价值。

第三步:根据投资人要求的收益率水平,按终值现值公式计算当期股权价值。该股权价值即为现在企业的投资后价值。

第四步:根据投资人的投资金额,计算占股比例及投资前估值水平。

$$投前估值 =(预测期最后一年的财务数据 \times 行业乘数)/(1+ 折现率)^n - 投资额$$

例如,一家风险投资公司正在考虑对一家初创公司进行 1500 万元的投资,预计 5 年之后退出投资。假设退出估值为收入的 10 倍,且预测初创公司第 5 年的收入为 1.2 亿元。

则退出时的估值为：

$$10 \times 1.2 \text{ 亿元} = 12 \text{ 亿元}$$

假设无须进行债务融资，也不需要进行后续的股权融资，且投资人要求的收益率是 70%，则投资后的估值为：

$$120000 \text{ 万元} / (1+70\%)^5 = 8452 \text{ 万元}$$

投资人对目标公司的持股比例为：

$$\text{持股比例} = 1500/8452 = 17.7\%$$

根据计算，我们就可以清楚地知道，投资后估值为 8452 万元，投资前估值为 6952 万元。

参考最近融资价格法

为引导私募投资基金非上市股权投资估值专业化，中国证券投资基金业协会于 2018 年 7 月 1 日发布了《私募投资基金非上市股权投资估值指引（试行）》。

在估计非上市股权的公允价值时，通常使用的市场法包括参考最近融资价格法、市场乘数法、行业指标法。

参考最近融资价格法，是指基金管理人可采用被投资企业最近一次融资的价格，对私募基金持有的非上市股权进行估值。由于初创企业通常尚未产生稳定的收入或利润，且融资活动比较频繁，因此参考最近融资价格法在此类企业的估值中应用较多。

其背后的隐含含义就是，上一轮投资人认可的价格就是最好的价值参照系。

我们可以大家都熟悉的小黄车（ofo）的融资历程为例进行说明。表3-15为该企业的历史融资数据。

表3-15 小黄车融资里程碑

时间	轮次	融资金额	投资人
2015年3月	天使轮	数百万人民币	唯猎资本
2015年10月	Pre-A轮	900万人民	唯猎资本和东方弘道
2016年2月	A轮	1500万人民币	金沙江创投、东方弘道
2016年4月	A+轮	1000万人民币	真格基金和天使投资人王刚
2016年9月2日	B轮	数千万美元	经纬中国、金沙江创投、唯猎资本
2016年9月26日	C1轮	数千万美元	滴滴出行
2016年10月10日	C2轮	1.3亿美元	美国对冲基金Coatue、顺为（小米）、中信产业基金等
2017年3月1日	D轮	4.5亿美元	唯猎资本和东方弘道
2017年4月22日	D+轮	数亿元	蚂蚁金服
2017年7月	E轮	7亿美元	阿里巴巴、弘毅投资和中信产业基金联合领投、滴滴出行和DST跟投
2018年3月	E2-1轮	8.66亿美元	阿里巴巴领投，灏峰集团、天合资本、蚂蚁金服与君理资本共同跟投，采取股权与债权并行的融资方式

资料来源：网络公开信息。

从表3-15可以看出小黄车融资的密集程度，最长的间隔时间是7个月，最短的间隔时间不到1个月。虽然我们无从得知该企业每一轮次的估值具体数据，但最近融资价格法可作为一个参照系。

假设C轮投资人投资5000万美元，获得了10%的股权，那么可以推算出融资后的估值为5000万美元/10%=5亿美元。而投资前估值就是5亿美元减去投资人投资的5000万美元，等于4.5亿美元。那么4.5亿美元是双方共同认可的投资前价值，C 轮投资人投资 5000 万美元，公司的整体价值就是 4.5 亿美元加 5000 万美元，C 轮投资人在公司中的股权比例就是 5000/50000=10%。那么，再下一轮投资人参考的估值就是 5 亿美元。

行业指标法

某些行业中存在特定的与公允价值直接相关的行业指标，此指标可作为被投资企业公允价值估值的参考依据。行业指标法一般被用于检验其他估值法得出的估值结论是否相对合理，而不作为主要的估值方法单独运用。另外，并非所有行业的被投资企业都适用行业指标法，通常在行业发展比较成熟及行业内各企业差别较小的情况下，行业指标才更具代表意义。

例如，对于房地产行业，我们很容易理解房价可以用元/平方米来表示，矿产等资源可以用元/吨经济储量，电力行业用元/兆瓦，高速公路用元/公里数来进行衡量。因为不同的行业、项目的具体情况不同，所以估值只能作为一个参考。例如，对高速公路行业，即使两条道路公里数相同，但因为位置不同、通车量不同或对未来发展预期不同，估值也会产生非常大的差异。

本章小结

- 估值不是一个绝对值，而是一个区间。估值的主要方法有市场法、收益法和成本法。
- 市场法也称为乘数法，具体分为可比上市公司和可比先例交易。可比上市公司的估值参考基准是具有流动性的少数股权，可比先例交易的参考基准是具有控股权的非流动股权，通常包括了协同效应的价值。
- 收益法也即现金流折现分析，是一种企业价值基本面的分析方法，对成熟项目来说，是主流的估值方法。关键参数假设的变化，例如终值计算、折现率计算、关键收入及成本假设等，都会对估值产生较大影响。
- 杠杆收购分析也属于收益法现金流折现。杠杆收购分析的目标是衡量在最大允许财务杠杆的条件下，基于投资人的目标收益率，所能给出的最大收购价格。
- 部分加总分析是一种重要的估值分析方法，它考虑的是将公司各组成部分的价值汇总，并与将公司作为一个整体进行估值得到的结果进行比较。对于每一部分的估值，依然会采用市场法、收益法或成本法进行。
- 成本法属于资产评估的基本方法之一，更适用于单项资产评估。
- 估值具有科学性及艺术性，早期项目估值更具主观性，常用的方法有计分卡、VC快速估值法、VC风险投资法、参考最近融资价格法及行业指标法等。

4

估值实践解读

本章的主要内容是解读在并购估值实践中经常会遇到的一些实际问题。估值的理论了解得再清楚,实际应用起来也会遇到很多问题,就连专业的分析师也需要反复确认。

有一点需要特别指出,大型项目通常会采用现金流折现的模型作为估值基础,虽然负责搭建财务模型的卖方顾问也是知名财务专家,但是在处理时并非一定会按照正确的方式来处理。如果买方不能厘清其中的基本概念,那就白白地多支付了卖方的价格。例如很常见的一个问题,就是在股权现金流计算中,是否应该包括账面现金产生的利息收入。董事高管们可以通过本章内容,更加清晰地了解估值的有关概念,把握估值的核心。

4.1 海外收购的基本流程:非约束性报价、约束性报价与估值

海外收购的基本流程通常分为两个阶段,第一个阶段是非约束性报价,第二个阶段是约束性报价。

非约束性报价，顾名思义，这个阶段的估值不具有法律效力。虽然估值是一个区间，但报价只能是一个确定的值。卖方在程序函里也会明确地指出，如果报价是一个区间，则会默认按照区间的最低值作为买方的报价。

举例来说，如果在非约束性报价期间的估值区间是5.6亿~6.5亿美元。那投资人应该如何进行首轮报价呢？

首先，估值和报价是两个完全不同的概念。估值是买方为实现投资价值可接受的价格区间，甚至可以计算出实现买方收益率所要求的最高价格，这就是买方估值的上限。但就交易来说，买方肯定是希望价格越低越好，这就涉及报价的策略。如果按最低价来报，则会有首轮就被淘汰的风险，根本没有机会进入下一轮。如果按照最高价来报，则有可能即使进入第二轮，在尽调之后却发现假设参数比较激进，不能维持原来的高价格，从而大幅降低报价失去价格竞争力，最终导致损失上百万美元的尽调费用而没有做成项目。根据笔者的经验，对非约束性报价，最好的选择是估值适度积极，不宜过于乐观，也不宜过于保守，最好结果是非约束性报价的排名在第2名或第3名的位置。这样，在后续阶段报价还有提升的空间。

非约束性报价因为不具有法律约束力，通常不需要董事高管集体决策。约束性报价因为具有法律效力，所以在报价之前，公司会根据投资金额和公司授权规定，由总经理办公会或董事会来决定。在实务中，董事会按照公司制定的投资收益率标准，授权项目团队按照不超过限定的金额来进行报价和谈判。董事会授权的是估值的上限，也就是项目团队退出交易的红线。约束性报价不能高于董事会授权的上限。

有一个真实的案例，就是在约束性报价之后，卖方反馈我方的报价虽很有吸引力，但还是会再安排一次最后报价（final and best offer）。这个时候，几个投资人都比较紧张，如果不加价，可能会因为几百万美元的差距而与项目机会失之交臂。一般在这个时候，投资人都会在原来报价的基础上做最后的努力，但通常不会超出董事会授权的金额。如果买卖双方开始谈判，那么投资人在后期继续让步的空间也就很小了。因为经过三次报价，买方已经知道自己的价格领先，一旦进入谈判阶段，买卖双方的优势地位会发生转换，买方在条款谈判上也会更强硬。卖方也深知这一点。为了防止买方在进入一对一谈判阶段后，再对相关条款提出异议，卖方在约束性报价投标前就会要求买方接受相关条款，尽可能在强势期固定大部分利益。

董事高管们在约束性报价期间就会体现出不同的业务水平。对估值不了解的领导总会担心报价过高而不敢决策。如果董事高管们完全理解估值的驱动因素，对项目估值的把握会更得力，对报价也会更有信心。

4.2 重要日期：估值基准日、估值报告日、股权收购协议（SPA）签约日、股权交割日

估值基准日

估值基准日是指估值的时点，因为估值总是动态变化的，只有确定一个估值时点，才能确定相应的估值区间。估值基准日确定之后，也就确定了现金流折现的时间点，再将估值基准日之后的全部现金流折现到估值基准日。通俗一点来说，估值基准日之后的所有收益都归属于买方，估值基准日之前的收益归属于卖方。当然，估值基准日之后的风险也归属于买方。

关于估值基准日的选择，虽然从理论上来说，可以确定任何一天作为估值基准日，但在实践中通常会选择年底或 6 月底。因为这两个时间点通常对应年报或半年报的时间点，财务数据相对完整详细，特别是年末的数据通常

都是经过审计的数据。如果交易启动的时间在 3~6 月，通常估值基准日就是上年度的 12 月 31 日。如果交易的启动时间在 7~10 月，估值基准日通常就会选择在本年的 6 月 30 日。

基于交易的目的，估值基准日有时还会选择在未来某个时间点。比如在交易账户完成调整机制的模式下，估值基准日就是基于未来的某一个日期，卖方会提供预期的资产负债表（详见"锁箱机制、交易账户完成调整机制"）。

估值报告日

估值报告日是财务顾问或估值分析师出具估值报告的日期。估值报告的作用是给投资者提供对外报价的参考，对国有企业来说，也是满足国资委对国企境外投资估值程序的要求。需要特别强调的一点是，国资委对估值报告的备案时间要求是在估值基准日起一年内。但是在实际交易过程中，各种情况都可能发生。比如在 2020 年 6 月启动的一个项目，估值基准日是 2019 年 12 月 31 日，财务顾问在 2020 年 9 月 15 日完成估值报告。买方经过内部审批流程，于 2020 年 10 月 20 日报出约束性报价。买卖双方经过 2 个多月的谈判，在 2021 年 1 月 3 日签署股权收购协议。如果买方在签署股权收购协议之后再去履行备案流程，这时估值报告虽然是在 9 月 15 日出具的，但因为估值基准日是 2019 年 12 月 31 日，时间已经过了一年，该估值报告就失去时效了。

股权收购协议（SPA）签约日

股权收购协议签约日就是买卖双方经过谈判，对所有条款达成一致、正式签署股权收购协议的日期。在股权收购协议签署后，从法律上双方正式确立买卖关系，并且按照收购协议的约定，各自履行交易前的准备事项。

股权收购协议签约后，视合同的具体规定，买卖双方都有义务需要完成，对海外收购来说，需要向国家有关部门进行备案或批准，或是完成反垄断审查等。这个时间短则1~2个月，长则达一年多。例如中国化工收购先正达的案例，2016年2月3日，中国化工正式在官网上确认了收购事项。为了达成此项交易，中国化工先后通过了包括美国外资投资委员会（CFIUS）等11个国家的投资审查机构及美国、欧盟等20个国家和地区反垄断机构的审查。直至2017年6月8日，中国化工才宣布完成对全球第一大农药、第三大种子农化高科技公司——瑞士先正达的交割。

股权交割日

股权交割日，通俗点说就是一手交钱、一手交货的日期。在完成资金支付的同时也完成了所有权的法律变更。双方通常会根据前期事项完成的情况，在交割前确定具体的交割日期。

4.3 锁箱机制、交易账户完成调整机制

在买卖双方签署股权收购协议后，从签约日到交割日还要经过一段时间。在此期间，公司持续经营，但买方还没有支付对价。另外，在交割前，卖方也有可能以支付特别股息或向管理层发放高额奖金的方式损害未来买方的利益，所以，股权收购协议里会明确约定，根据股权收购协议确定的股权基准价格，到交割日还会根据资产情况或实际交割日期进行调整。股权价格调整主要有两种方法。一是锁箱机制，二是交易账户完成调整机制。

锁箱机制（Lock Box Mechanism）

双方确定估值基准日及价格后，从估值基准日到交割日之间的所有收益及亏损都归属于买方，即从估值基准日开始，公司经营的风险和收益都转嫁给买方。

锁箱日的确定

一般采用最近期的年度审计日，通常也是估值基准日。

利息支付

因为买方享有从估值基准日到交割日期间的收益，但并没有实际支付对价，所以卖方往往会要求买方支付从估值基准日到交割日的利息费用。在过往的实际案例中，有的卖方要求按年化15%的利率来支付，其理由是15%的利率是卖方资金的机会成本。

买方首先要理解，在锁箱机制下，卖方要求支付利息费用是合理诉求。因为买方在估值的时候，是将估值基准日之后的现金流都纳入估值并折现。如果买方实际支付交割款的时间延后，则实际的投资收益率会增加。

> **小案例**
>
> 举一个简单的例子。如果估值基准日是2020年12月31日，则2021年的现金流应该纳入估值，假设未来5年，公司每年的现金流入是1000万元，如果买方要求的收益率是10%，则将未来5年现金流折现到2020年12月31日，对价是3791万元。如果在2020年12月31日支付3791万元，按照内部收益率计算，投资收益率就是10%（见表4-1）。

表 4-1 内部收益率计算

(单位:万元)

	IRR	2020-12-31	2021-12-31	2022-12-31	2023-12-31	2024-12-31	2025-12-31
情形 1	10%	-3791	1000	1000	1000	1000	1000
情形 2	16%		-3791				

如果双方在 2021 年 7 月 1 日签署股权收购协议,股权对价是 3791 万元,但实际交割日在 2021 年 12 月 31 日。如果没有支付利息费用,买卖双方依然按照 3791 万元交割,则买方的内部收益率因为延期一年提升至约 16%。

从买方角度出发,肯定是支付的对价成本越低越有利,最好的情形当然是不支付利息费用。在笔者经手的一笔涉及 20 多亿美元的股权收购案例中,卖方因为并非资本市场的玩家,并没有提及这一点。在锁箱机制下,是否支付利息费用,也完全属于一项商业条款。在资本市场上,如果卖方是私募基金,其商业模式就是出售项目,就不太可能忽视这一点。至于买方和卖方如何谈定利率,则取决于买卖双方的谈判地位,以及买方对竞争形势的把握。

对于谈判,肯定是有坚持也有放弃,毕竟一个好的谈判协议,价格的重要性是一方面,更重要的还有卖方的保证条款。在笔者参与的另一笔交易中,2019 年 8 月双方签署了股权收购协议,估值基准日是 2018 年 12 月 31 日,卖方提出买方要从 2019 年 1 月 1 日起按年化利率 10% 支付利息费用。最终的谈判结果是,至 2019 年 10 月 31 日之前,如果双方完成交割,则买方不需要支付利息费用。如果交割日晚于 2019 年 10 月 31 日,则买方要按照年化利率 5% 来支付利息费用。这样的安排对双方都有利。一是卖方不会担心买方为了赚取时间价值故意拖延交易;二是为买方争取了合理的交割时间,即使交易拖延导致发生利息费用，支付的利息费用也低于项目的收益率，买方依然可以提升项目综合收益率。

在以上案例中，是否支付利息费用，如何确定利率，如何确定利息成本区间，都取决于买卖双方谈判的结果，并不存在绝对的标准。

反泄露条款

在锁箱机制下，估值基准日后的收益和风险都由买方来承担。所以买方也要防止卖方在此期间做出损害买方利益的行为。为约束卖方，双方会在股权收购协议中规定反泄露条款。

我们可以对锁箱日价格调整机制做一个概括，就是在确定估值基准日之后，项目的收益归属于买方。在股权收购协议中可以将锁箱日后宣派的股利、股本的减少或赎回、关联方的资产转让、债务豁免、与本次交易有关的管理人员的奖金、中介费用以及其他超出正常经营行为之外的费用都定义为资金泄露。如果出现以上行为，则买方会相应调减股权对价。买方也会在交割日后，请审计师对从估值基准日到交割日的报表进行审计，并确认在此期间卖方是否有应披露而未披露的行为。

交易账户完成调整机制（Completion Account Adjustment Mechanism）

除锁箱机制外，另外一个常见的价格调整机制就是交易账户完成调整机制。与锁箱机制不同，交易账户完成调整机制通常以双方预期的交易完成日期为估值基准日，同时卖方会提供基于交割日的预估数据，一般在实际交割前10日，卖方会再次提供预计的财务数据，并与初始提供的预估数值进行对比，买方则在此基础上，根据之前确定的股权对价，调整后支付给卖方。常见的价格调整机制是使用净营运资本和净负债。

在这种机制下，买方估值的基础就是卖方提供的未来预估数据。所以当实际交割的时候，如果实际数据与当初卖方提供的数据不符，就要对有差距的数据额进行调整，通常调整的比价对象就是净营运资本和净负债。

举个例子，2022年1月10日，卖方提供了基于2022年6月30日的预测财务数据，买方依据该数据进行了估值。双方在2022年3月8日签约后，各项工作推进顺利，预期可以在2022年6月30日交割。卖方通常会在6月20日再次提供6月30日的预期资产负债表数据。因为此时离交割日只有10天，这个时候的数据精准度更高。

在交割的时候，买方会根据卖方最新提供的资产负债表数据与之前的进行比较，简单来说，原1月10日提供的资产负债表预期6月30日应收账款有1000万美元，但根据最新的数据，应收账款有1200万美元，假设其他数据完全相同，那么买方就要在原股权对价的基础上再支付200万美元。其他科目也是一样，根据每一个科目的增加或减少，来判断是否买方需要增加或减少股权对价款。这是第一次价格调整。

即使离交割日仅有10天，卖方提供的也只是预期数据。在交割日完成以后，买卖双方还要聘请审计师对交割日的财务报表进行审计，正式确认交割日的资产负债表。如果经审计后，交割日的资产负债表与在交割前10天卖方提供的资产负债表数据还有差异，那么就要根据差异进行第二次股权对价调整。简单来说，就是多退少补。如果买卖双方对审计师确认的数据还有争议，复杂的情况下，还需要请另外一家会计师事务所。这也是交易账户完成调整机制比较烦琐的地方。如果涉及的金额较大，买卖双方会纠缠很长时间，费时费神。

如果不存在大的争议，或者签约日离交割日时间不长，买卖双方也可以直接约定按原来提供的预估报表进行交割，在交割后按照确认的审计结果多退少补。这种情况，也就是只做一次调整。

有时为了交易更简单，买卖双方还可以约定多种演变形式。例如，如果差额小于 50 万美元，那么双方都可免于补差价。或是如果超过某一金额，双方一次补足从 0 开始的差价。举例来说，双方约定如果差额小于 100 万美元，双方都不再进行调整。如果确认后的差额是 101 万美元，另外一方则要完全补足 101 万美元的差额。买方对股权价格增加或减少 101 万美元。

对于交易账户调整机制来说，只有在交割完成时，才实现项目的收益和风险转移。因为这段时间的收益和损失都归属于卖方，这段时间的经营效果会直接体现在资产负债表上，例如现金的增加或是应收账款的增加等，所以，买方不用担心在这段时间内，卖方会产生在锁箱机制下的泄露事件，例如派发股利等。因为不论卖方是派发股利或是产生其他现金流出行为，都会直接减少账面现金，导致预估的资产负债表相关科目减少，买方会根据减少的金额调整股权对价。

当然，也会出现例外的情况，比如虽然预期是 2022 年 6 月 30 日交割，但由于其他原因，项目在 2022 年 9 月 30 日或 2022 年 11 月 30 日才能交割，这种情况如何处理？

因为买方的估值基准日是 2022 年 6 月 30 日，估值时已经考虑了 6 月 30 日以后的现金流。如果交割日期和估值基准日接近，那么这点影响可以忽略。如果日期相差较远，股权基础对价就需要调整。否则在交割时就会因为多了几个月的经营收益，而使买方多支付这部分收益给卖方，但实际上买方已经将这部分价值包括在股权基础对价中。

董事高管们在审批项目时，要注意股权收购协议对应的股权价格调整机制。对于锁箱机制来说，股权交易价格相对锁定。对于交易账户完成调整机制（见表4-2）来说，因为交割日的资产负债表数据存在不确定性，所以在董事会审批时很难确定具体的股权交易对价。

锁箱机制与交易账户完成调整机制的对比见表4-3和表4-4。

表4-2 调整方法和程序

调整方法		交易账户完成调整机制——两步调整（例）
等额调整	严格按照目标净营运资本和交割日净营运资本的差额来调整交易价格的方法	买卖双方最初谈定股权对价为5000万元
但是，交割日前10日卖方提供的更新后的财务数据显示，流动资金多出500万元，买方在交割日支付卖方5500万元作为股权对价
交割完成后，由双方指定的审计师事务所对交割日的财务报表进行审计，最终确认，流动资金比最初的财务数据多出300万元，卖方将退回买方多支付的200万元
限额调整	为调整金额设定上限，如调整金额不超过1000万元	
最低门槛调整	只有当目标净营运资本和交割日净营运资本的差额高于双方同意的最低门槛时，才可以触发交易价格的调整，但通常只支付超出最低门槛的金额。如目标净营运资本大于交割日净营运资本，且超过最低门槛限额，则需要就超过部分调整，减少基础购买价格，反之，则增加基础购买价格	
调整程序	一步调整：在交割日后一定期限内，根据买方提供的目标企业在交割日的资产负债表以及含有交割日净营运资本金额的价格调整方案进行调整	
	两步调整：①在交割之前，卖方提供其预估交割日净营运资本和预估的交割日资产负债表，买方将在交割日根据预估净营运资本和目标净营运资本的差额支付第一步调整后的交易价格；②在交割结束后，双方再继续按照买方提供的实际交割日净营运资本金额与预估交割日净营运资本的差额调整确定最终价格	

表 4-3 锁箱机制与交易账户完成调整机制

价格锁定日 - 历史 → **SPA 签署日** → **交割日**

锁箱机制：
1. 根据锁箱日的审计后财务报表确定股权交易价格
2. 确定锁箱日至交割日支付利息的利率
3. 确定资产泄露范围（允许或不允许）
4. 非寻常商业行为的限制

交易账户完成调整机制：
1. 确定交割日审核机制
2. 非寻常商业行为的限制
3. 由卖方预估交割日的现金、债务和净营运资本预估股权价格

支付股权对价：
锁箱日确定的固定股权价值
加：锁箱日至交割日的利息
减：资产泄露
减：违反股权收购协议商业操作违约金

进行交割日审计：
交割后，由买方提交交割日实际现金、债务和净营运资本，卖方审核；如果未达成一致，由第三方提交独立审核结果

价格生效日 - 交割日

	锁箱机制	交易账户完成调整机制
使用	在英国及欧洲国家的企业的交易中经常出现	在美国使用较多
估值基准日	通常以历史财务年度截止日为基准	通常以未来预期的交割日时间点为基准
估值基准日至交割日前的利益归属	通常归属于买方，买方承担相应的经营风险	通常归属于买方，根据交割日财务数据与原始预估数据调整股权对价
估值基准日之前的利息费用	并非所有卖方都会有此要求，卖方若要求估值基准日至交割日前的利息费用，计算标准主要取决于谈判	不要求
股票交易对价	股权交易对价在股权收购协议中锁定	企业价值在股权收购协议中锁定，但股权交易对价取决于交割日调整
现金、负债和净营运资本的调整	双方在签约前就现金、负债和净营运资本的调整金额达成一致。现金、负债和净营运资本的调整基于历史数据——价格锁定日的资产负债表	双方在签约前就现金、负债和净营运资本的调整达成一致。现金、负债和净营运资本的调整基于交割日资产负债表（在交割后进行编制）的数据

(续)

	锁箱机制	交易账户完成调整机制
反泄露条款	• 如在价格锁定日之后，标的公司有资产"流失"，卖方将进行赔偿	• 价值"流失"的概念不适用于该机制，但是股权收购协议中有很大概率会包括"商业行为"的条款
股权价格调整	• 不需要在交割后要求或涉及其他泄露事项）通常不涉及交割日账目及与其相关的审阅过程	• 交割日决算的准备工作，复核工作及达成一致所需条件应事先在商协议中规定 • 股权对价会进一步调整或两步调整

表4-4 锁箱机制与交易账户完成调整机制的对比

		锁箱机制	交易账户完成调整机制
优势	买方	• 价格具有确定性 • 简便 • 成本低	• 交易价格更加精准——根据交割日的实际情况决定 • 在股权收购协议签署后，卖方有更大动力维护企业的正常经营
	卖方	• 价格具有确定性 • 简便 • 成本低 • 对交割过程具有更强的控制	• 可获得企业经济效益，企业运营到最终交割日得到回报，并可获得交割前的企业利润
劣势	买方	• 签约后，卖方可能会减少经营企业的动力 • 加大了卖方对保护条款的依赖和对资产负债表恶化的风险，从而有可能需进行更深入的尽调 • 面临企业在锁箱日和交割日经营状况恶化的风险 • 需要支付从锁箱日到交割日的利息费用	• 延迟确定最终价格 • 增加准备/审核的时间，成本和潜在纠纷的可能性
	卖方	• 无法获得在锁箱日和交割日之间所得的利润（有利息收入的补偿）	• 对价格调整具有较弱的控制力 • 直到交易完成，卖方将一直承担企业的经营风险 • 延迟确定最终价格的时间，同时增强交易的不确定性 • 增加准备/审核的时间，成本和潜在纠纷的可能性

4.4 企业价值乘数的应用与局限

对于成熟的工业、制造业来说，市场法估值通常参考的指标是企业价值乘数（EV/EBITDA）。一些特定行业通常会有一个大致的乘数区间，例如7~11倍。但是，这个乘数也有局限性，并非乘数低估值就一定是低的。

为什么企业价值乘数很低，估值却不低

笔者曾经看过一个海外的电网项目，其企业价值乘数是6倍，低于常见的区间范围。按照这个乘数估值，企业价值应该是6亿美元。但是，如果按照现金流折现来计算，企业价值只有3亿美元。这是为什么呢？

因为EBITDA这个指标没有扣除资本性支出。如果是运营时间很长的项目，为维持正常经营，每年需要很高的资本性支出，那么自由现金流就很少了。自由现金流的公式如下：

$$息税折旧摊销前利润（EBITDA）- 所得税 - 流动资金增加 - 资本性支出 = 自由现金流$$

所以，在这种情况下，虽然EBITDA很高，但是企业价值乘数不能反映出不同项目资本性支出的差异。还有一种情况是，对于寿命期有限的项目来说，例如项目的运营期为25年，已经运营了20年，最后只剩5年的运营期，在这种情况下，即使企业价值乘数只有5倍，也不能说估值就是低的。此外，因为企业价值乘数通常是以当年、上一年或预测年的财务数据进行计算。如果正好赶上周期高峰，EBITDA非常高，这样计算出来的企业价值乘数就会比较低，但是高峰情况无法维持，计算出的企业价值乘数不能代表项目寿命期的可持续乘数。所以，我们说的乘数指标只能作为一个参考，具体项目还要

具体分析，特别作为在估值时，要同时使用多种方法来进行验证。

> **小知识**
>
> **资本性支出**
>
> 资本性支出，从会计的角度来说，就是一次性支出可以影响后续几年的效益，这类支出类似固定资产投资，会形成固定资产，在未来进行折旧或摊销。与资本性支出相对应的是成本费用支出，成本费用支出与本年收益相关，所以成本费用支出会计入利润表，而资本性支出不计入利润表，归入投资活动的现金流支出。新增的资本性支出不会从利润表体现，而是通过未来的新增折旧在利润表中体现。所以，很多企业为了夸大利润表，会故意将成本费用支出转化为资本性支出，以降低本年成本。
>
> 资本性支出又分为维持性资本性支出和扩张性资本性支出。所谓维持性资本性支出，可以看作维持现有设备正常运行的投资，不会扩大生产能力，主要为设备的部件替换和更新。扩张性资本性支出为新建生产线，属于扩大生产能力的投资。

为什么企业价值乘数很高，估值却不高

相反，企业价值乘数高，未必说明这个项目的估值很高。一种情况是当年或预测下一年的 EBITDA 值不是正常数值，处于行业低谷，或是部分项目还在建设期，未完全投产，效益尚未完全体现出来。在这种情况下，如果当前计算的企业价值乘数很高，我们可以多计算几年，看看预测期前 5 年的 EBITDA 数值与当前值是否有较大差距，并以现有的企业价值除以未来的

EBITDA 作为乘数的参考水平。另一种情形是该企业对投资人来说极具投资价值，有大量的潜在项目机会、优秀的管理团队或是非常高的协同效应等。

所以，虽然企业价值乘数是一个很好的估值判断指标，但在没有项目具体信息的情况下，我们不能根据企业价值乘数贸然判断项目的估值是高还是低。项目估值需要采用多种方法进行互相验证。

4.5 P/B 指标的具体含义与股东贷款

P/B 指标的含义

P/B 是指市净率，P 代表股权收购价格，B 代表账面净资产，如果 P/B 值大于 1，说明股权收购价格超过账面净资产，形成收购溢价。P/B 指标过高，代表股权收购价格大幅超过账面净资产，溢价较高，未来具有减值的风险。

股权价格的形成，是根据项目未来收益，以确定的折现率进行折现。因此，P/B 指标高，并不意味着一定会发生减值风险，只有在预测的项目盈利水平不能达到预期或折现率发生变化时，才会发生减值风险。

影响 P/B 指标的因素

项目财务杠杆

项目财务杠杆会影响 P/B 值。如果项目投资是 1000 万元，项目出售价值是 1200 万元。在没有财务杠杆的情形下，股权价值就是 1200 万元，净资产是 1000 万元，项目的 P/B 值是 1.2 倍。如果投资的 1000 万元分为股本金 200 万元、银行贷款 800 万元，项目的整体价值依然是 1200 万元，减去 800 万元贷款后，相当于股权价值是 400 万元，净资产为 200 万元，项目的 P/B 值就是 400/200=2 倍。所以，在项目整体价值不发生变化的情况下，项目财务杠杆会影响 P/B 值。特别是在极端的情形下，例如项目杠杆率较高，投资的 1000 万元中有 900 万元都是银行贷款，那么股权价值就是 300 万元，净资产是 100 万元，P/B 值就会变为 3 倍。虽然项目溢价水平从原始投资来看，都是 200 万元的溢价，但 P/B 值变化的幅度会随杠杆率不同发生较大的变化。所以，在衡量 P/B 指标的时候，并不是说 P/B 值高就代表项目溢价水平高，项目存在减值风险，也要衡量溢价水平的绝对值和项目整体价值的比例关系。

项目投产初期

对大多数基础设施项目来说，项目从开发到建设完成，往往需要 3 年甚至更长的时间。同时，项目在投产 2~3 年内，可能由于设备性能、财务费用等因素，导致项目处于亏损状态，项目投资人一直没有获得收益。假设项目运营后的财务表现与可研报告预期一致，股权收购价格必须要大于账面价值，卖方才能获得收益。通常情况下，项目越处于早期，风险越大，因此如果投资人对于已经建成的项目要求 10% 的收益率，那么开发阶段的收益率要求就会是 40%~50%，因为并不是所有的项目最终都能够开发成功，项目开发商只有对单一项目取得比较高的收益水平，才能弥补其他开发失败的项目成本。项目建设前，投资人会根据建设风险的不同，要求 12%~15% 的收益率。

为说明这个问题，我们做一个模拟测算。假设前三年属于项目开发前期阶段，开发商要进行项目选址、环境许可、政府批准等各项工作，也需要一定的前期投入。按照 30%~40% 的收益率水平来进行收益率假设。项目的建设期为两年，投资收益率为 15%。按照不同阶段的资金投入、收益率要求进行复利累计求和，可以得出原投资方在项目投产后不同时间点退出，要实现原目标收益率所需要实现的最低股权价值（见表 4-5）。

表 4-5 开发费用投入示例

（单位：百万元）

年限	前期开发投入			建设期投入		运营期		
	1	2	3	4	5	6	7	8
资金投入	2	3	5	50	40	0	0	0
收益率	40%	30%	30%	15%	15%	15%	15%	15%
股权对价	3	8	16	76	134	154	177	203
P/B				1.5	1.7	2.0	2.3	

注：前期开发投入进入成本，建设期投入形成净资产。

如果项目在投产初期，因为设备产能未完全发挥、加速折旧或股东贷款利息费用等因素形成了账面亏损，进一步降低了净资产值，P/B值就会出现失真的现象，因为无论是产能受限、加速折旧或是股东贷款利息费用，都属于项目投产初期的正常现象。

项目投产中后期

在项目投产中后期阶段，随着固定资产折旧的计提，项目总资产逐渐下降，如果资本结构中包括股东贷款，随着股东贷款的逐步偿还，原始资本投资逐渐减少，股权价值降低幅度小于净资产幅度的变化，P/B值呈现上升趋势。同时，随着项目剩余生命周期的缩短，股权价值也逐步降低，净资产值在减少到原始资本出资后将不再发生变化。总体上，P/B值在项目生命周期内呈现先升后降的情况。

根据假设项目模拟，贷款比例70%，资本金比例30%，其中股东贷款比例为20%，注册资本金比例10%。在项目投产初期，假设股权价值等于账面值的情况下，P/B值在项目投产初期逐步升高，并在投产12年后达到峰值4.1倍，之后随着股权价值的下降，P/B值逐渐下降（见图4-1）。

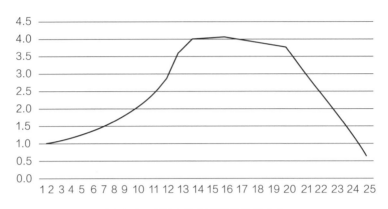

图 4-1　项目全生命周期 P/B 值变化

并购 P/B 值

董事高管们担心高 P/B 值会在投资后形成较高的商誉，并且在未来财务业绩不达标的时候进行资产减值，很多董事高管们会直接在公司内部确定收购项目的 P/B 值不能超过 2 或 3 倍。从上面的分析可以看出，P/B 值只是一个相对指标，并不能代表估值的高低，特别是在净资产数值存在失真的情况下，比如因为加速折旧、股东贷款利息费用导致的初期亏损，项目净资产大幅减少，甚至出现净资产值为负的情况。从过往并购实务来看，大部分项目的 P/B 值落在 1.5~3.5 倍。考虑到财务杠杆对 P/B 值的影响，我们也要考虑绝对溢价水平，防止对 P/B 指标设置一刀切的做法，影响了对项目价值的判断。

对于很多资源型的收购项目来说，更重要的是未来开采的矿产价值。在收购初期，很多项目的净资产为负值，所以计算这类项目的 P/B 值完全没有意义。影响收购溢价将来是否出现减值的因素，一是将来矿产开采的质量、数量、价格、成本是否能够实现预期；二是项目的折现率标准是否发生变化。如果因为国别风险因素或者其他宏观经济因素，例如无风险利率上升导致股权成本上升，即使未来预期的现金流没有发生变化，折现率上升也会导致估值下降，从而需要进行减值。

股东贷款作为股东出资的方式之一，是项目海外投资架构设计中常见的一种模式。项目投资的通常模式是由股东投入的资本金和银行贷款组成（见图 4-2）。

比如项目总投资 1000 万元，其中资本金占比 30% 为 300 万元，申请银行贷款 700 万元。

所谓股东贷款，是指股东提供的资本金部分并非完全以资本金的形式投入到项目公司，而是以股东贷款的方式提供给项目公司。项目公司将来需要像向银行还本付息一样，向股东支付股东贷款利息和偿还股东贷款本金（见图 4-3）。

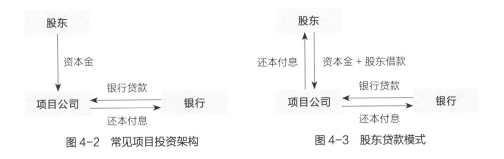

图 4-2　常见项目投资架构　　图 4-3　股东贷款模式

比如项目总投资 1000 万元，股东投入资金 300 万元，但其中 100 万元是资本金，200 万元是股东借款，另外 700 万元是银行贷款。

股东借款和银行贷款，从项目公司的层面来看都属于负债，但项目现金流的还本付息首先需要满足银行的还本付息要求。之后，剩余的现金流才能用于支付股东贷款利息和偿还股东贷款本金。从银行的角度来看，股东贷款和股东投入的资本金性质相同，都属于股东投入的资金。

股东贷款的结构安排具有以下优点：

- 在满足税务规定的前提下，股东贷款利息可以作为项目财务成本，在项目公司层面所得税前进行列支，具有抵税的作用。
- 股东可以通过股东贷款利息支付和股东贷款本金偿还的方式灵活安排资金回流。如果没有股东贷款结构安排，股东实现投资的资金回流只能通过利润分配的形式，但利润分配的前提是项目公司有可分配利润。由于折旧等因素影响，往往项目公司的账面存有大量现金，但没有可分配的净利润，股东无法实现资金回流。

采用股东贷款结构唯一的影响是，因为股东贷款利息作为财务费用进行列支，项目公司的净利润肯定会因为财务费用增加而减少。从股东层面来说，项目公司因为股东贷款利息减少的利润正好是股东利息收入。董事高管们在审核项目的时候，如果看到项目公司的亏损是由于股东贷款利息产生的，就应该理解这属于投资结构的优化安排，而不是真正的亏损。

因此，在海外项目实践中，投资人普遍使用股东贷款作为股本金出资的主要方式，以最大限度地提高投资收益。在中东能源项目私有化公开竞标项目中，招标方在招标文件中明确要求项目资本金出资应以股东贷款为主，如投标方案部分未采用股东贷款形式，须说明原因及对项目的好处。

从项目融资银行的角度来看，股东贷款协议需获得其认可，股东贷款的还本付息受到外部融资协议的约束，约束条件通常和股利分配是同等的，若不能满足银行设置的约束条件，既不能派发股利，也不能支付股东贷款利息和偿还股东贷款本金，即融资银行视股东贷款为权益投入。从卖方的角度来看，股权和股东贷款是一体的，也以打包的形式出售，整体进行估价。在具体交易时，则在形成整体估值的基础上，股东贷款及应付股东贷款利益按面值进行收购，股权价值就是整体估值减去股东贷款及应付股东贷款利息的余额。

股权对价包括股东贷款的 P/B 值计算的正确方式

从项目层面来看，股东贷款虽然是股东投入资金，从会计定义上属于负债，并没有包括在净资产当中。因此，若严格按照会计定义，在计算 P/B 值时，股权对价为不含股东贷款的股权对价，净资产也是不考虑股东贷款的。但计算 P/B 值主要是在估值中衡量溢价水平及收购对价的可比公司分析。因此，从估值角度分析 P/B 值的含义时，需要将股东贷款类同股本金进行考虑。因为项目收购是对股权和股东贷款整体进行评估和收购，并据此计算指标与同行业进行对比，体现项目之间的真实差异，否则计算该指标将完全失去实际意义。

例如，项目总投资 100 万元，其中贷款 70 万元，股本 30 万元，股权收购价为 60 万元，那么按此计算 P/B=60/30=2 倍；还是同一个项目，总投资 100 万元，贷款 70 万元，股东在投入时优化投资架构，投入股本 5 万元，股东贷款 25 万元，股权收购价依然是 60 万元（含股东贷款 25 万元），项目性质没有发生任何改变，从估值方面计算 P/B 值应该按照含股东贷款的收购价格 60/（股本＋股东贷款）=60/30=2 倍，这样才能反映项目的真实情况。如果按照会计定义，将股权对价按减去股东贷款计算，净资产不考虑股东贷款，那么 P/B 值计算就会变成（60-25）/5=7 倍，这种计算方法会导致计算结果明显失真，不具有可比性。

注册估值分析师协会在其颁布的《估值报告标准》中明确说明，"在并购项目中，市净率可以体现溢价水平，较高的市净率会形成商誉，在预期财务指标不达标时会带来减值风险。为体现并购项目的真实估值水平，对并购对价含有股东贷款的收购，计算 P/B 值指标时，收购对价采用包括股东贷款的金额，账面净资产加上股东贷款作为分母计算"。

4.6 并购贷款与估值

我们可以在项目层面通过提升财务杠杆比例来提升资本金的收益率，除此之外，股东还可以通过并购贷款进一步提升财务杠杆。

从字面意思来理解，并购贷款并不同于项目融资建设的贷款，而是专门用于筹集并购资金的贷款。

2007年12月9日，中国银行业监督管理委员会（下文简称银监会）发布《商业银行并购贷款风险管理指引》。银监会规定并购贷款的基本原则是，既要在最大限度上满足市场需求，又要有利于商业银行控制贷款风险。2015年3月12日，银监会发布最新的《商业银行并购贷款风险管理指引》，提出并购贷款期限从5年延长至7年，并购贷款占并购交易价款的比例从50%提高至60%，并取消贷款担保的强制性要求。

为了更好地理解并购贷款对估值的提升作用，我们用一个案例来进行说明。为简化说明，以下将所有会计科目进行简化。假设境外项目A的总资产为10亿美元，账面净资产3亿美元，长期借款7亿美元，其他科目均为0美元（见表4-6）。原目标公司资产负债率为70%。

表4-6 境外项目

（单位：万美元）

固定资产	100000	长期借款	70000
		所有者权益	30000
总资产	100000	负债及所有者权益	100000

德发集团的估值分析师对A项目进行了估值分析，并按照德发集团15%

的股权投资收益率标准,计算得出项目 A 的股权价值为 6 亿美元,对应项目净资产 3 亿美元,P/B 值为 2 倍,溢价 3 亿美元。同时,为顺利收购,德发集团专门在香港设立 SPV 公司作为收购主体,并为香港公司注入资本金 6 亿美元(其投资架构见图 4-4)。

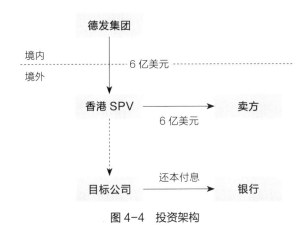

图 4-4 投资架构

因此,在交易完成前,香港 SPV 公司有账面现金 6 亿美元,所有者权益 6 亿美元(见表 4-7)。

表 4-7 SPV 公司

(单位:万美元)

固定资产	60000	所有者权益	60000
总资产	60000	负债及所有者权益	60000

如果香港 SPV 公司按照 6 亿美元完成收购,则会在德发香港控股公司层面形成净资产 6 亿美元,长期股权投资 3 亿美元,商誉 3 亿美元。

合并报表后,则会产生总资产 13 亿美元,长期借款 7 亿美元,所有者权益 6 亿美元(见表 4-8)。

表4-8 合并报表

（单位：万美元）

固定资产	100000	长期借款	70000
商誉	30000	所有者权益	60000
总资产	130000	负债及所有者权益	130000

在此情况下，香港控股公司层面的资产负债率为0。合并层面资产负债率为53.8%。

如果德发集团按照预期15%的股权投资收益率的价格完成了交易，但如果卖方的出售价格是6.5亿美元或者德发集团想进一步提升收益率水平，该如何来完成收购呢？

项目层面的长期借款7亿美元还是会继续存续。由于香港控股公司层面没有负债，德发集团是否可以在香港公司控股层面投入3亿美元，同时向银行借入3亿美元，来筹集并购资金呢？这里向银行借入的3亿美元就属于并购贷款。但需要注意的是，并购贷款的最长期限是7年（见图4-5）。

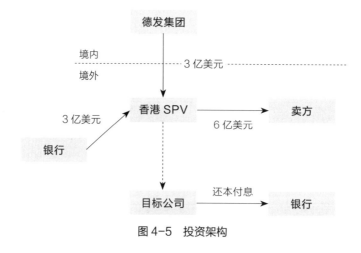

图4-5 投资架构

假设并购贷款的利率为 4.5%，如果项目股本金的收益率是 15%，我们做一个简易的财务模型，可以发现在借入并购贷款后，股本金的收益率由原来的 15% 提升至 20%（见表 4-9）。

表 4-9　股本金内部收益率 1

（单位：万美元）

		1	2	3	4	5	6	7	8	9	10
股本投入	−60000										
现金流		12000	12000	12000	12000	12000	12000	12000	12000	12000	12000
净现金流	−60000	12000	12000	12000	12000	12000	12000	12000	12000	12000	12000
IRR	15%										

并购贷款

		1	2	3	4	5	6	7	8	9	10
股本投入	−30000										
现金流		12000	12000	12000	12000	12000	12000	12000	12000	12000	12000
并购贷款本金偿还		6000	6000	6000	6000	6000	0	0	0	0	0
并购贷款利息支付		1215	945	675	405	135	0	0	0	0	0
净现金流	−30000	4785	5055	5325	5595	5865	12000	12000	12000	12000	12000
IRR	20.0%										

在上面的假设中，内部收益率计算就是简单按照 50% 的并购贷款、4.5% 的利率、5 年等额本金偿还的方式。我们可以看到，德发集团的股权收益率由原来的 15% 提升至 20%。但需要注意的是，并购贷款的还本付息的来源，是底层项目公司的股利分配（或是在有股东贷款结构安排下的股东贷款利息收入或股东贷款偿还）。

从另一个角度来说，如果德发集团仍然维持 15% 的收益率水平，那么可支付的对价水平就可以提高。在我们的简单测算方案中,可以看到在考虑并购贷款后,为了达到15%的收益率要求,德发集团可以支付的对价由原来的6亿美元提升至6.86亿美元(见表4-10)。如果是在竞争性收购中,德发集团的竞争力会进一步提升。

表4-10 股本金内部收益率2

(单位:万美元)

	1	2	3	4	5	6	7	8	9	10
股本投入 −68600										
现金流	12000	12000	12000	12000	12000	12000	12000	12000	12000	12000
净现金流	−68600	12000	12000	12000	12000	12000	12000	12000	12000	12000
IRR 12%										

并购贷款

	1	2	3	4	5	6	7	8	9	10
股本投入 −34300										
现金流	12000	12000	12000	12000	12000	12000	12000	12000	12000	12000
并购贷款本金偿还	6860	6860	6860	6860	6860	0	0	0	0	0
并购贷款利息支付	1389	1080	772	463	154	0	0	0	0	0
净现金流	−34300	3751	4060	4368	4677	4986	12000	12000	12000	12000	12000
IRR 15.0%										

当然,并购贷款的使用也提升了德发集团在香港控股公司的资产负债率。在考虑50%的并购贷款后,香港公司控股层面的资产负债率为50%,合并层面的资产负债率则达到了76.9%。因此,虽然说商业银行提供的最大并购贷款额度可以达到并购资金的60%,商业银行审查的时候也会综合考虑资产负债率水平及现金流水平,并确定并购贷款规模,但在实务中,很多集团在申请

并购贷款时,采用了母公司担保的形式,所以银行并不担心收购资产的负债率水平,也不担心项目现金流是否足够在偿还项目层面的贷款后偿还并购贷款。在这种情况下,集团往往就会在并购贷款到期前进行再融资,对原来的并购贷款进行替换或者采用上市发行股份等其他方式筹集资金。

并购贷款与股东贷款的异同

上一节说明了股东贷款的结构安排,本节介绍了并购贷款。我们再对这两种方式进行对比说明(见表4-11)。

表4-11 并购贷款与股东贷款的区别汇总

	并购贷款	股东贷款
财务杠杆	提高	不改变
投资收益率	较大提升(财务杠杆提高,投资收益率得到较大提升)	微弱提升(股东贷款不改变财务杠杆,股东贷款利息可以避税,减少所得税支出,投资收益率得到微弱提升)
并购主体资产负债率	增加	不改变
项目层面净利润	不影响(并购贷款不影响项目层面)	降低(股东贷款会导致股东贷款利息费用增加,项目层面净利润降低)
并购主体层面净利润	降低(财务费用增加)	不影响(项目层面因股东贷款利息的净利润减少与并购主体层面的股东贷款利息收入相互抵消)

股东贷款的投资结构不实质改变股东投资的资本结构,也不增加财务杠杆,主要是为了实现投资资金回流的灵活安排及避税的目的。股东贷款的结构安排是在需要股东向项目公司进行资金注入时进行的结构设置,见图4-6。

采用并购贷款的投资结构是股东在并购公司层面增加财务杠杆,减少自有资金支出,以达到提升股权收益率的目标。并购贷款是在发生并购行为时,在收购公司层面进行的财务结构安排，不影响项目公司的资本结构，属于上层公司的资本结构，见图 4-7。

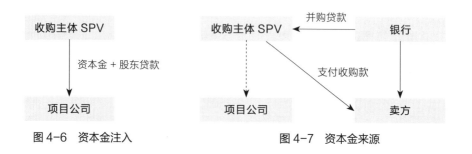

图 4-6　资本金注入　　　　　　　　图 4-7　资本金来源

4.7 项目开发权如何估值

在海外并购的实践中，经常会遇到一种特殊的收购标的，就是项目开发权。这是一个让董事高管们头疼的问题。因为此时项目还没有形成任何实际的资产，仅仅已经完成的前期工作或拿到的政府批文。

所谓项目开发权，就是指项目已经完成了一些前期工作，比如已经获得项目关键节点的政府批文或是关键许可证书，但是尚未开工建设或融资关闭。根据前期工作的深度不同，项目开发权又可分为早期阶段和成熟阶段。成熟阶段的开发权可以理解为项目已经完成了建设前的所有工作，甚至融资已经关闭，马上具备开工建设的条件。早期阶段的开发权是指已经开展了一些前期工作，投入了一些成本，但尚未有明确的开发成果。

对项目开发权的买方，或者说将来要投入巨额建设资金的投资方来说，如何科学地对开发权进行估值呢？在实践中，开发权估值和企业估值一样，并不存在一种绝对正确的估值方法，而是需要通过多种方式进行比较，然后确定大致的范围，最终根据项目的具体情况、开发权交易的竞争程度及买卖双方的谈判地位来决定。笔者根据多年的海外项目收购经验,总结整理了开发权估值的几种方法,可以在投资实践中作为参考。

现金流折现法

现金流折现也即收益法,是衡量企业价值的常见方法之一,也是对成熟企业进行估值的主要方法,但开发权估值的难点在于项目尚未形成固定资产,还需要经过建设阶段投产后才能产生效益,或者说只有真正投产后才能证明前期可行性论证的条件能否实现。因此,在项目前期阶段就采用现金流折现,会有较高的风险和不确定性。

由于拥有开发权的卖方希望获得最大的价值,因此在实践中,我们经常看到卖方会提供项目完整的财务模型,按照理想的假设条件将项目生命周期的现金流进行折现,以项目的净现值作为开发权的估值。

毋庸置疑,投资方购买开发权的目的就是将项目建设完成并获取长期投资收益。在项目前期就构建完整的财务模型作为项目投资决策参考是十分必要的。因此,虽然项目未来会面临建设期风险或是运营后的其他风险,投资方作为行业内的专家,应该具备识别主要风险的能力,并对后期项目建设及运营有非常丰富的经验。所以从估值的角度来看,采用现金流折现可以促使投资方关注有关项目的重要假设及参数,考虑到前期项目的风险高于已运营的项目,因此在折现率的选择上,投资方可以在基准收益率要求的基础上提高1%~3%,以反映项目的高风险性。例如,中禾集团在海外收购的投资收益率门槛是10%,那么对于开发权估值采用现金流折现的方式,折现率可以按照11%~13%来进行考虑,风险越大则折现率越高。项目的净现值就是对开发权的估值。

干股比例法

在海外收购中,经常会遇到这样一种情况:即项目的开发方已经获取政府的项目审批许可,但没有资金进行建设,同时卖方提出项目开发权转让的条件是获得项目5%~20%的股份,卖方在实际建设中并不实际出资,也就是获得通常所说的"干股"。鉴于法律上的合规及可行性,买方通常会将干股折合成具体的金额支付给卖方,卖方再将这笔资金投入项目中来,获得对应的股权。例如,项目建设的总投资是2亿美元,项目资本金比例是25%即5000万美元。如果卖方要求20%的股份,那么买方需要支付给卖方的金额就是资本金5000万美元的20%,即1000万美元。

干股比例法体现的是特定国家的市场水平,也可以归结为市场法的特例,但是这种方法与项目自身的收益情况脱节,投资方仍需要构建完整的财务模型,并将有关成本代入模型中,来判断卖方要求的股权比例是否合适。同样,按照项目资本金金额乘以5%~20%的比例,也是开发权估值的参考范围。

成本加利润法

成本加利润法是最容易理解的方式。例如开发方前期投入了1000万美元,那么投资方的购买价就是在1000万美元的基础上再乘以一定的系数作为开发权的出价。但是如何来确定这个系数呢?通常来说,越是早期项目,风险越大,因为项目前期条件模糊,很多项目开发到一定阶段就失败了,因此按照风险和收益对等的情况来说,越是早期投入,要求的收益率越高。根据笔者的观察,如果基础设施项目的基准投资收益率在10%~15%,项目前期开发要求的收益率水平通常为25%~35%。因此,如果开发方前期投入了1000万美元,且投入期为两年,则可以根据卖方的实际投入情况,按25%~35%的收益率计算参考估值。例如 $1000\times(1+25\%)^2$ 就是开发权的估值参考。

市场先例交易法

市场法的先例交易是企业估值的重要参考标准。开发权估值同样适用于市场先例交易。针对同类项目的市场交易水平可作为项目开发权转让的基准，同时结合项目的自身资源情况或特点，以市场水平为基准进行上下浮动。例如，在中国风电发展的早期，风电开发权的交易价格通常在 50~100 元/千瓦，这就是市场先例交易所提供的参考范围。

概率加权法

在实际的并购交易中，通常卖方会提供一组项目开发权，即卖方同时期开发多个项目，这些项目有处于早期阶段的，有处于成熟阶段的。针对一组项目的开发权估值，通常可以采用概率加权法，即根据现金流折现的方式确定开发权的基本价值，在此基础上，根据项目开发权的阶段，赋予主观的成功概率，然后采用加权平均计算开发权组合价值，如表 4-12 所示。

表 4-12　开发权估值

项目	阶段	开发权估值	成功概率（主观）
A	早期	1000 万元	5%
B	早期	2000 万元	5%
C	成熟	1000 万元	40%
D	成熟	1500 万元	80%

综上，项目开发权估值比企业估值更具不确定性和风险，特别是在尚未形成固定资产的情况下，就要支付上千万元来获得项目，投资方更是如履薄冰。虽然在实际操作中，可以按照分阶段付款的方式来降低投资方的风险，

但如何在交易中确定开发权估值的基准是需要投资方做出的重大决策。虽然收购在运类项目风险较低,但收益率同样较低。所以,通过项目开发权收购来获得更多的项目资源,提高项目收益率水平,是海外开发中越来越常见的交易形式。

4.8 权益现金流折现、账面现金与股权价值

权益现金流折现计算股权价值,是估值中最常见的方式之一。但在实务工作中,很多分析师仍然会混淆一些概念,特别是不清楚采用权益现金流折现得出的结果是否是最终的股权收购价格;这个折现的结果和账面的现金归属如何处理等问题。董事高管们经常遇到的一种情况是,项目团队汇报的股权价值是 5000 万元,但实际需要支付 5500 万元,因为账面还有 500 万元现金。那到底应该如何来理解这个问题呢?

我们来看一个概念——无现金无负债(cash free,debt free)。无现金无负债是我们经常在招标文件中看到的一个假设,其存在是为了简化估值,提升不同投资者报价之间的可比性。

估值当中的一个基本公式如下:

企业价值(EV)= 股权价值 + 有息负债 − 现金及现金等价物

海外并购通常以企业价值为衡量基础,在无现金无负债的条件下,企业价值和股权价值相同。但是在实际的并购业务中,企业肯定会存在账面现金和负债,所以在确定企业价值的基础上,还需要按照上述公式进行调整,计算出股权价值。

权益现金流折现是不是股权价值

在估值基准日确定的基础上，我们将权益现金流按照股本成本进行折现，来计算股权价值。

权益现金流 = 净利润 + 折旧 − 银行还本 − 资本性支出 − 营运资本增加

根据权益现金流公式，我们可以对估值基准日之后的现金流进行折现。在实务中，经常会有人不知道如何处理折现结果和账面现金的关系，以及如何来确定股权对价。

根据公式，权益现金流的计算包括了营运资本的变动情况，但是并未包括现有的账面现金，所折现的结果是未来产生的现金流。所以，理论上我们支付给卖方的对价，应该在权益现金流折现的基础上加上账面现金。这个对价也就是我们通常所说的股权价值。当然，如果我们支付对价时不加上现金，实际上，投资人的收益率就会大于折现率的标准。例如，我们可以假设账面现金在第一天就向投资人进行分配，其结果就是投资人的对价降低了。

如果账面现金主要是偿债备付金，在计算过程中，随着贷款偿还，偿债备付金的现金释放，且包括在后面的权益现金流计算当中，那么将来的计算结果就已经包括了当前现金的价值。

另外一种情况是，估值计算并非采用权益现金流折现，而是采用股利折现的方式。因为股利折现的基础也是账面现金和可分配的净利润进行比较，所以在这种情况下，账面现金也会参与到后面的计算当中，所以在股利折现的情形下，计算的结果就是股权价值，计算的价值已经包括了账面现金。

权益现金流折现、账面现金及企业价值

在清楚了权益现金流折现的结果加上账面现金才是股权价值以后，很多

人又容易混淆，在计算企业价值的时候是否应该减去现金及现金等价物。我们将公式拆分如下：

企业价值 = 股权价值 + 有息负债 − 现金及现金等价物

　　　　 = 权益现金流折现结果 + 现金及现金等价物 + 有息负债 − 现金及现金等价物

　　　　 = 权益现金流折现结果 + 有息负债

这个值就是无现金无负债的直接反映，也就是说，在假设现金及现金等价物和负债都是 0 的情况下，企业价值就等于权益现金流折现的结果。

账面现金产生的利息收入是否应该并入权益现金流

虽然账面现金没有参与权益现金流的计算公式，但是我们看到，权益现金流的公式是从净利润开始调整。在财务模型中，在现金不能完全派发股利的情况下，账面会积累沉淀资金。在实际中，企业也会将沉淀资金存入银行，收取利息收入。所以，财务模型的利润表同样会假设账面现金有存款利息收入，并将其纳入财务费用。

在股利折现的情形下，我们可以将利息收入纳入股利现金流，因为股利通常会小于每年产生的现金流，企业会发生资金沉淀。但是，在采用权益现金流折现的基础上，我们就不应该将利息收入加回，或者说应该对净利润进行调整，从净利润中扣除利息收入（税后）。因为权益现金流已经将每年产生的现金流全额纳入计算，在这种情况下，账面便不会再产生沉淀资金，也就不会再有利息收入。

另外一个直观的问题是，假设权益现金流沉淀的资金考虑利息收入不正确，那么项目账面初始现金产生的利息收入是否应该纳入权益现金流的计算呢？

如果将现金及现金等价物看作一个特殊类别的资产，现金利息收入为对应收益，那我们应将每年的现金利息收入进行折现，再将终值的现金进行折现。同时，不再加上账面的现金初始值。但现金的存款利率通常小于折现率，这种情况下的折现值一定会小于现金面值，所以我们在计算的时候，也不应该纳入账面现金产生的利息收入，而是直接在权益现金流折现的基础上加回账面现金，作为支付给卖方的对价。

权益现金流折现加上账面现金作为支付对价，能否实现预期收益率

我们再反过来看。权益现金流是按照股本成本的折现率来进行计算。如果支付对价就是权益现金流的结果，那么投资人的收益率就是折现率IRR。但是，如果股权对价加上账面现金作为支付对价，投资人的股权收益率还能实现吗？

对此问题结合以下两种情况进行分析。

一是账面现金全部为无限制现金，在收购完成后，投资人可以任意进行处置。在这种情况下，虽然投资人的支付对价是在权益现金流的基础上加上账面现金，但在收购完成后，投资人可以随意支配这部分现金，这部分现金也可以视作权益现金流入，在股权对价的同时发生。因此，投资实际支付的对价可以默认为是权益现金流折现的对价，投资人仍可完全实现预期的内部收益率。

二是账面现金是受限资金，投资人虽然支付了对价，但这部分现金无法立即自由支配，只能随着约束条件解除才可以支配。在这种情况下，投资人就不能实现预期的收益率水平，相当于对价提高。虽然后面可以通过现金释放收回来，但牺牲了时间价值。如果账面现金数值相对股权对价占比很低，这个影响可以忽略不计，如果占比很高，则会影响实际投资的内部收益率。

如果需要按严格的意义来计算股权收益率，那么就要将账面受限资金纳入权益现金流的计算当中，根据实际情况将释放的现金纳入当年的现金流。此

时计算的权益现金流的结果，也就不需要再加上期初的账面现金，因其已包括在计算结果中。

4.9 自由现金流、权益现金流与股利现金流

估值方法中的收益法，也称现金流折现分析，是并购投资中最常使用的方法，也是确定最终收购价格的基准方法。市场法估值往往用来作为辅助判断指标，比如说企业价值乘数或其他行业类的估值指标。

对投资者来说，判断一个项目能否达到投资回报门槛的指标是内部收益率，又称为自有资金内部收益率或资本金内部收益率、股本内部收益率，虽然称呼不同，但实际上都是指同一个概念。

采用自由现金流、权益现金流和股利现金流折现这三种方法，估值结果有时也大不相同。那么我们该如何来理解这三种方法，在估值结果相差很远的情况下，如何来做决策，每种方法适合什么项目呢？

小案例

为了方便读者理解，我们假设了一个案例情景——橙子项目。表4-13中假设了计算加权平均资本的一些参数。

表4-13 假设参数

资本成本假设		项目基本参数假设	
股本比例	40%	销售收入	37000万元
债务比例	60%	增长率	0
		毛利率	30%

（续）

资本成本假设		项目基本参数假设	
股权成本	12%	折旧年限	20 年
债务成本	6%	贷款偿还年限	15 年
所得税税率	25%	经营期限	20 年
加权平均资本成本	7.5%	现金收益	2%

资产负债表假设（单位：万元）	
现金	5000
固定资产	95000
总资产	100000
负债	60000
权益	40000
负债及所有者权益	100000

首先，假设投资人要求的投资收益回报率是12%，也称股本金内部收益率。这里我们没有用资本资产定价模型去计算股权成本，而是直接给出了要求的收益率水平。虽然资本资产定价模型可确定股权成本，但是在实务当中没有一个绝对的标准，特别是计算海外国家的股权成本的时候，计算方法各不相同。

根据假设的参数，我们得出加权平均资本成本是7.5%，我们同时按照这个资本结构假设了一个初始的资产负债表，以及项目的基本参数。根据项目的基本假设，模拟计算出来项目的利润表见表4-14，这也是我们后面计算各种现金流的基础。

表 4-14 利润表

(单位:百万元)

	1	2	3	4	5	6	7
销售收入	37000	37000	37000	37000	37000	37000	37000
增长率		0	0	0	0	0	0
经营成本	25900	25900	25900	25900	25900	25900	25900
毛利率	30%	30%	30%	30%	30%	30%	30%
EBITDA	11100	11100	11100	11100	11100	11100	11100
折旧	4750	4750	4750	4750	4750	4750	4750
息税前利润	6350	6350	6350	6350	6350	6350	6350
财务费用	3480	3240	3000	2760	2520	2280	2040
税前利润	2870	3110	3350	3590	3830	4070	4310
所得税	718	778	838	898	958	1018	1078
净利润	2153	2333	2513	2693	2873	3053	3233

自由现金流及计算公式

在展示具体的估值结果之前,我们先回顾一下几个基本的概念和计算公式。首先是自由现金流。自由现金流代表的是归属股东和债权人的现金流,因此其折现采用的折现率是加权平均资本成本,自由现金流的计算公式如下:

自由现金流 = 息税前利润 × (1 - 所得税税率) + 折旧摊销 -
营运资本增加 - 资本性支出
= 息前税后利润 + 折旧摊销 - 营运资本增加 - 资本性支出

需要特别强调的一点是,自由现金流折现的结果包括股东和债权人共享的价值,所以也是企业价值。如果要在自由现金流折现的基础上计算股权价值,还需要根据企业价值和股权价值的推导公式进行计算。

企业价值＝股权价值＋净负债＋非控股股东权益＋优先股

其中净负债＝有息负债－现金及现金等价物。

根据上面的公式，我们很容易得出股权价值的公式：

股权价值＝企业价值－净负债－非控股股东权益－优先股

权益现金流及计算公式

权益现金流则是在自由现金流的基础上减去支付给债务人的利息和本金之后，完全归属于股东所支配的现金流，所以折现率自然也应该采用股本成本的折现率。通常，我们以净利润为基准来推导权益现金流。

权益现金流＝净利润＋折旧摊销－银行还本－营运资本增加－资本性支出

利息收入是否包括在权益现金流的计算中

很常见的一种情况就是企业账面有大量现金，但是由于亏损或其他原因，不能派发股利。在做项目财务模型的时候，通常也会因折旧而沉淀大量资金。正常情况下，在财务模型中考虑沉淀现金的利息收入，并将其体现在利润表中应该是符合实际情况的。如果财务模型采用股利折现的方式，这种计算也完全没有问题。但如果估值是采用权益现金流折现或自由现金流折现的方式，项目产生的现金流就会在产生的时间点纳入估值并进行折现，并不会再产生多余的现金利息收入。所以，在采用权益现金流计算股权价值时，不需要将资金的利息收入纳入计算。

股利现金流

股利是实际派发的股利，也是完全支付给股东的部分，所以股利折现也是采用股本成本作为折现率来计算股权价值。股利派发取决于两个条件：一是当年有可分配的净利润，二是账面上要有现金可以分配，二者缺一不可。

折旧摊销不是现金支出，所以计算现金流的时候要在净利润的基础上加回折旧摊销。特别是对项目投资来说，资本性支出往往是一次性的，营运资本通常也保持稳定。贷款偿还完成以后，现金流基本上就是净利润加回折旧摊销，但是分配的股利只能基于净利润分配。在这种情况下，多余的现金就沉淀在企业内部而无法向投资者进行分配，所以当年派发的股利就会小于当年产生的现金流。在实际操作中，企业可以通过资金归集的方式，用这部分资金去发展新的项目，但是对于单一项目投资决策的估值来说，自然不能再用这笔闲置资金去投资额外的项目。在这种情形下，我们可以假设闲置资金作为存款产生利息收入。在我们的案例中，假设现金存款利息率是2%，按照上一年期末现金进行计算，并直接加入股利现金流中。

为了计算方便，我们在案例中假设营运资本增加和新增资本性支出都是0，这也不会影响我们的结论。

不同现金流折现的计算结果

自由现金流折现的结果是企业价值，我们通过企业价值和股权价值的推算关系，从企业价值中推导出股权价值。权益现金流折现的结果加上账面现金，就是股权价值。因为权益现金流折现的是未来的现金流，不包括现有的账面现金，从股权价值的概念上来说，还需要在权益现金流折现的基础上加上账面现金。对于股利现金流折现，因为账面现金已经参与后续股利支付的过程中了，所以股利现金流折现的结果就是股权价值，不需要做任何处理。在表 4-15 中我们可以看到，基于相同的股权成本，三种现金流折现的结果完全不同。

表 4-15　计算结果

（单位：万元）

自由现金流折现		权益现金流折现		股利现金流折现	
企业价值	96975	股权价值	37139	股权价值	29564
负债	60000	负债	60000	负债	60000
现金	5000	现金	5000	现金	5000
股权价值	41975	企业价值	92139	企业价值	84564

如表 4-15 所示，自由现金流折现的股权价值最高，为 41975 万元，权益现金流折现的股权价值为 37139 万元，股利现金流折现计算出的股权价值最低，只有 29564 万元。从这个数据可以看出，采用不同的折现方法得到的结果差距还是很大的。

不同现金流折现方法产生差异的原因

自由现金流的折现率，也就是加权平均资本成本，其最大的特点就是折现率在项目全寿命期保持不变，也就是资本结构保持稳定。但是对任何一个项目投资决策来说，实际情况都是单一项目的资本结构随着贷款的偿还，负债比例越来越低，权益比例越来越高，资本结构是在不断发生变化的。因为债务成本低、股本成本高，所以单一项目实际的资本成本在后期逐步向股本成本靠近。在项目贷款全部偿还完成后，项目的资本成本就等于股本成本。如果自由现金流按照资本结构不变的假设进行计算，没有考虑到后期资本结构比例变化导致资本成本升高的情形，那么自由现金流折现的结果推导出来的股权价值肯定大于权益现金流折现计算的股权价值（见表 4-16）。

表4-16 自由现金流折现

(单位：万元)

自由现金流	1	2	3	4	5	6	7
息前税后利润	4763	4763	4763	4763	4763	4763	4763
折旧	4750	4750	4750	4750	4750	4750	4750
流动资金变化							
资本性支出							
自由现金流	9513	9513	9513	9513	9513	9513	9513

企业价值	96975

另外一种方式，就是自由现金流折现也采用每年变化的折现率，其结果是折现率越来越高，因为权益比例越来越高。这种方式的计算结果与权益现金流折现的结果非常接近。

权益现金流折现通常采用股本成本，因此是最符合项目权益现金流特点的估值方式，也是现金流折现的主要方式（见表4-17）。

表4-17 权益现金流折现

(单位：万元)

权益现金流	1	2	3	4	5	6	7
净利润	2153	2333	2513	2693	2873	3053	3233
折旧摊销	4750	4750	4750	4750	4750	4750	4750
贷款还本	4000	4000	4000	4000	4000	4000	4000
流动资金							
资本性支出							
权益现金流	2903	3083	3263	3443	3623	3803	3983

权益现金流折现	32139
现金	5000
股权价值	96975

对于股利现金流折现来说，因为有大量的现金沉淀在企业，不能作为当期投资者的回报，虽然闲置现金会产生利息收入，但是因为现金存款利率小于投资者要求的收益率水平，这是导致股利现金流折现值较小的原因（见表4-18）。

表4-18 股利现金流折现

（单位：万元）

股利现金流		1	2	3	4	5	6	7
净利润		2153	2333	2513	2693	2873	3053	3233
期初未分配收益		0	0	0	0	0	0	0
本年可分配股利		2153	2333	2513	2693	2873	3053	3233
本年股利		2153	2333	2513	2693	2873	3053	3233
期末未分配收益		0	0	0	0	0	0	0
期初现金			5000	5750	6500	7250	8000	8750	9500
本年可用于分配的现金流		2903	3083	3263	3443	3623	3803	3983
本年可用于分配的现金		7903	8833	9763	10693	11623	12553	13483
本年派发股利		2153	2333	2513	2693	2873	3053	3233
期末现金	5000	5750	6500	7250	8000	8750	9500	10250
股利现金流		2153	2333	2513	2693	2873	3053	3233
现金利息收入①		100	115	130	145	160	175	190
期末现金释放		0	0	0	0	0	0	0
股利现金流合计		2253	2448	2643	2838	3033	3228	3423
股权价值	29564							

① 净利润中未计算现金利息收入，因此单利加回。

总结

对于单一项目估值来说，特别是当预测时间比较长、贷款逐渐偿还时，采用权益现金流折现是比较好的方式。对于上市公司估值，在预测期比较短（通常为 5~7 年）、资本结构假设不发生变化的情况下，采用自由现金流方式较为合适。对于参股类型项目，投资人无法控制现金流，则采用股利现金流折现的方式比较合适（见表 4-19）。

表 4-19　不同估值方法适用情形

	自由现金流	权益现金流	股利现金流
适用情形	上市公司估值，预测期限为 5~7 年，资本结构保持稳定	单一项目投资估值，预测期限为 15~30 年，项目贷款逐步偿还	参股类型项目，投资人无法控制和支配现金流

4.10 控制权溢价、流动性折价及少数股权折价

控制权溢价

控制权溢价代表相对少数股权为取得控股地位，需要支付更高的价格。所以，控制权必须要能给投资人带来收益，否则投资人不会出高价。取得控制权以后所能带来的收益如下。

首先，取得控制权就可以掌控公司管理，可以改变原有公司的管理方式，甚至完全替换管理层，提升经营效果。

其次，取得控制权可以更好地发挥投资人所带来的协同效应，不论是收入协同或是成本协同，都可以带来经济价值的提升。

再次，取得控制权可以掌控公司的现金流，对现金流进行归集并使用，提升资金的使用效率。如果是少数股权，则只能在公司分红的情况下取得收益。

估值是一门科学，也是一门艺术，关于控制权溢价并没有一个绝对的标

准可供参考，但是从已公布交易的数据来看，大部分控制权溢价的区间为25%~35%。这个数据只能称为经验数据。更严格一点来说，控制权溢价是根据估值结果反算出来的，而不是根据控制权溢价来计算估值结果。投资人需要衡量的核心是收购标的对自身的投资价值，并根据交易的具体情况以最优的价格进行收购。当然，这个最优的价格是指在不高于投资价值的前提下，越低越好。

我们可以举一个简单的例子，如果一家非上市公司100%的股权价值是100万元，那么1%的股权价值是多少？如果对估值不了解，很容易按简单的数学比例关系认为1%的股权价值是100万元的1%，为1万元。从估值的角度来说，100%的股权价值是代表控股权价值，1%的股权比例是少数股权价值。后者因为缺少控股权，并不能简单地按照比例来进行计算。正如49%的股权和51%的股权，虽然差别只有2%，但这2%的股权对任何一方来说都不能按数学比例进行计算。

2009年9月，国投电力有限公司斥资10亿元收购华电集团持有的二滩水电开发4%的股权，收购完成后，国投电力有限公司将持有二滩水电开发有限责任公司52%的股权，理所当然地取得该公司的绝对控股地位。

此次国投电力收购二滩水电开发4%股权的价格为10亿元，而截至2009年7月31日，二滩水电开发的净资产账面值为53.17亿元，净资产评估值为67.7亿元，对应的4%股权净资产评估值为2.7亿元。10亿元的收购价格相对于其净资产有超过400%的溢价，做出如此高溢价的收购究竟是什么原因？从国投电力的公告来看，公司主要是考虑到雅砻江流域水电的资源稀缺性、二滩水电开发未来良好的发展前景以及收购后本公司获得绝对控股权的重要性。

4%的股权不但没有因为少数股权进行折价，反而有大幅度溢价，这是为什么呢？因为在本次收购前，国投电力、川投能源和华电集团对二滩水电开发的持股比例分别为48%、48%和4%，股权结构比较分散。因此，华电集团的4%的股权对任何其他两方来说都弥足珍贵，不论谁得到这4%的股权，都会拥有公司的控制权，成为项目的主要控制方。所以，这4%的股权价格代表的是控制权溢价，有着四两拨千斤的作用。

流动性折价

所谓流动性，一般是指资产的变现能力。资产负债表的资产科目是按照流动性从高到低的顺序排列的。现金无疑是最具流动性的资产。当资产和现金能够以较低的成本迅速相互转换时，我们就说资产具有流动性。我们都知道对于上市公司的股票，如果股份占比不高，则很快可以在证券市场完成出售。但如果是非上市公司，要出售股权特别是少数股权，例如出售10%的股权，不但耗时非常长，有时甚至找不到买家。因此，如果价格参照系是参照上市公司的股价，那么非上市公司就需要在此基础上打一个流动性折价。

与控制权溢价相同，流动性折价也并不存在一个绝对的标准，我们常常看到的数据集中在30%~40%的区间。关于流动性折价，国内外学者以各种方法对其进行了论证，包括比较非上市公司并购市盈率和上市公司并购市盈率、新股发行定价以及期权模型等。这些研究的结论都可以用来参考，但对投资者来说，核心依然是并购标的对自身的投资价值。

少数股权折价

少数股权折价是针对控制权溢价而言的。我们在用可比上市公司进行估值时，知道上市公司的股价具有流动性和少数股权的特点，如果对非上市公司的少数股权进行估值，在可比上市公司的基础上打一个流动性折价就可以了。但是，如果估值参照系是可比交易，即一级市场上的控制权交易，那么我们的参照系就是非流动性的控股权价格。如果估值标的是非上市公司的少数股权，而我们的参照系是控股权价格，就要在此基础上应用少数股权折价。

根据控制权溢价和少数股权折价的关系，可以推导出，少数股权折价＝1-［1/（1+控制权溢价）］，所以对于30%~40%的控制权溢价区间，我们得到少数股权折价的区间是23%~28.6%。

需要再强调一次，不论是控制权溢价、流动性折价或是少数股权折价，通常都是根据估值结果反推出来的经验数据，因为资产的核心价值还是未来的盈利能力。这些经验数据可以借鉴和参考，但不是定价的基础。

为了更好地理解控制权溢价、流动性折价和少数股权折价等概念，我们可以通过几个案例，来看看估值报告中的有关描述。

图4-8摘自收购一家非上市公司的估值报告，报告中提到了控制权溢价和流动性折价的调整，但报告中并未明确控制权溢价和流动性折价的具体数值。所以，在很多时候，分析师也把这几个调整因素作为一个黑箱来进行操作。特别是对估值报告来说，通常是先有交易价格、后有估值报告。

> ** 由于ECO为非上市公司，可比较公司的EV/EBITDA及EV/EBIT倍数须进行市场流通性折让调整。另外，由于可比公司的EV是参考非控股股权的价格，而此次估值的100%股权为可控股股权，因此，可比公司的EV/EBITDA及EV/EBIT倍数须进行控制权溢价调整。

图4-8 收购一家非上市公司估值报告摘录

图4-9来自收购一家上市公司的案例，因为上市公司股价代表的是少数股权价值，所以整体收购上市公司的价格超过股票交易的价格，就代表了控制权溢价。我们可以看到，控制权溢价按照可比交易中值，基于前30个交易日至前1个交易日的收盘价的幅度为33.05%~36.20%。

本次交易中，东方海外国际的要约价格为 78.67 港元/股。2017 年 7 月 7 日，东方海外国际的收盘价为 60.00 港元/股；前 10 个交易日，东方海外国际交易均价为 55.48 港元/股；前 30 个交易日东方海外国际交易均价为 51.35 港元/股。东方海外国际控制权溢价情况及与可比交易的对比情况如下：

（单位：港元）

项目	收购溢价（%）		
	前 1 个交易日收盘价	前 10 个交易日交易均价	前 30 个交易日交易均价
标的公司	31.12	41.80	53.20
可比交易均值	39.27	44.38	43.97
可比交易中值	36.20	36.80	33.05

由上表，本次交易中，中远海控收购东方海外国际的控制权溢价与战略投资者收购香港上市公司可比交易控制权溢价的平均值和中值均相近。

图 4-9　收购一家上市公司的案例摘录

图 4-10 也是摘自收购上市公司的案例，所以没有考虑流动性折价。关于控股权溢价在估值报告中也有提及，鉴于市场交易资料的局限性，本次评估未考虑股权交易由于控制权或少数制权等因素产生的溢价或折价。

（6）流动性折价的确定

由于 UTStarcom Holdings Corp 是上市公司，选用的可比案例也是上市公司，股票都具备流动性可以从二级市场变现，因此不考虑缺少流动性折价和拥有流动性溢价。

（7）关于控制权或少数股权折价或溢价

40

鉴于市场交易资料的局限性，本次评估未考虑股权交易由于控制权或少数股权等因素产生的溢价或折价，也未考虑因缺乏流动性的影响。

图 4-10　收购一家上市公司的案例摘录

总体来说，控制权溢价、流动性折价或是少数股权折价的差异都与我们的估值参照系和投资标的等因素有关。这些经验数值仅仅是作为参考，或者作为谈判桌上的一种谈判手段。对于财务投资人来说,更关注的是现在的交易价格在未来几年可以达到什么样的退出价格,实现多少投资回报。对战略投资人来说,更关注的是现在的交易价格是否可以带来投资价值的增加,实现预期的战略目标。估值分析师在为客户服务时,既可以将其用作为客户争取最大利益的谈判手段,也可以用作满足估值报告形式要求的调价工具。

4.11 永续增长率法估值的弊端

对公司进行估值时,因为时间越长越难以预测,所以很多时候预测期只有 5 年或 10 年,并将这 5 年或 10 年的现金流进行折现。但是,预测期结束并不代表企业没有价值了,因为企业还在持续经营。假设企业可以永续经营,那么预测期之后到永久的这一部分企业价值就是终值。假设企业可以实现永续经营,也是估值的一项重要假设。

对于终值,前面讲过两种预测方法,一种是退出乘数法,一种是永续增长率法。在实务中,我们会同时采用两种方法进行计算。

永续增长率法的基本公式是:

终值 = 预测期下一年的现金流 / (加权平均资本成本 − 永续增长率)
  = 预测期末的现金流 × (1+g) / (WACC−g)

其中,WACC 为加权平均资本成本;g 为永续增长率。

通过公式,我们可以简单地判断出,分子和分母变动都会影响结果。从一般的数学计算来看,分母的变动对结果影响更大。我们用不同的永续增长率来进行计算可以发现,1% 的比例变化就会对终值产生很大的影响。

因为预测期较短,所以终值在估值中的占比会比较大。我们预测自由现金流的收入、成本、资本性支出的一系列假设,终值占比通常在 70% 以上。

我们可以通过一个案例来了解终值计算对企业估值的影响程度。

表 4-20 和表 4-21 是某钢铁企业的估值结果。本项目估值基准日期是 2021 年 12 月 31 日，在对企业进行估值的时候预测了企业未来 9 年的自由现金流并进行折现。从估值结果来看，9 年自由现金流折现的结果为 2.68 亿美元，终值计算采用永续增长率法，永续增长率为 1.5%，本项目加权平均资本成本为 8%，预测期最后一年的自由现金流为 2.62 亿美元，所以终值计算如下：

$$终值 = 2.62 \times (1+1.5\%) / (8\%-1.5\%) = 40.91 \text{ 亿美元}$$

将终值进行折现到期初，折现因子为 0.52，所以终值现值等于 21.27 亿美元。自由现金流现值加上终值现值合计 23.89 亿美元，终值占比约为 89%。

表 4-20　现金流折现计算

DCF 计算	（单位：百万美元）
终值计算	
永续增长法	
自由现金流	262
永续增长率	1.50%
终值	4091
隐含企业价值乘数	10.1x
折现因子	52.0%
终值现值	**2127**
企业价值计算	
现金流现值合计	268
终值	4091
终值现值	2127
企业价值	**2389**
终值 / 企业价值	89%

表 4-21 现金流折现计算

(单元：百万美元)

年份	2019	2020	2021	2022	2023	2024	2025	2026	2027	2028	2029	2030	终值
封时因子	—	—	—	0.50	1.50	2.50	3.50	4.50	5.50	6.50	7.50	8.50	8.50
折现因子	—	—	—	96.2%	89.1%	82.5%	76.4%	70.7%	65.5%	60.6%	56.1%	52.0%	52.0%
销售收入	9527	8542	9781	9938	10398	11510	11812	12104	12386	12655	12911	13162	13162
增长率		(10.3%)	14.5%	1.6%	4.6%	10.7%	2.6%	2.5%	2.3%	2.2%	2.0%	1.9%	
销货成本	(8446)	(7787)	(8743)	(8774)	(9091)	(10010)	(10266)	(10518)	(10761)	(10993)	(11213)	(11429)	(11429)
销货成本占销售收入百分比	88.6%	91.2%	89.4%	88.3%	87.4%	87.0%	86.9%	86.9%	86.9%	86.9%	86.8%	86.8%	86.8%
EBITDA	—	438	545	564	683	889	939	1004	1040	1074	1107	1139	1139
EBITDA占销售收入百分比	7.5%	5.1%	5.6%	5.7%	6.6%	7.7%	7.9%	8.3%	8.4%	8.5%	8.6%	8.7%	8.7%
EBIT	220	(45)	66	111	225	409	439	480	490	498	505	512	512
息前税后利润	96	(164)	(2)	52	137	267	289	319	326	332	337	341	341
自由现金流	(190)	(125)	(382)	(177)	(82)	(2)	(2)	78	142	176	219	262	262
现金流折现	—	—	—	(171)	(73)	(1)	(1)	55	93	107	123	136	

注：数据仅为最终计算结果，中间计算过程没有显示。

我们从表 4-21 可以看出，历史的自由现金流均为负值，预测期前 4 年的自由现金流也为负值，从预测期第 5 年开始，自由现金流逐步增加，至预测期第 9 年，自由现金流达到 2.62 亿美元。

假设预测期期末现金流可以持续增长

永续增长率法的弊端之一就是假设预测期期末现金流可以持续增长。虽然历史自由现金流和预测期前 4 年均为负值，但因为期末现金流为最高值，而终值计算是假设以最高值持续增长。如果项目实际财务表现一直不达预期，那么终值计算也就失去了基础。在这种情形下，董事高管们就需要特别留意未来假设的可行性，特别是现金流由负转正的关键驱动因素是哪些。对投资人而言，有哪些化腐朽为神奇的手段，将企业买回来以后就可以实现现金流由负转正。如果董事高管们对这些假设非常有信心，那么也会对估值有信心。

永续增长率假设过高

永续增长率的微小变化，都会对估值产生很大影响。从图 4-11 的双因素敏感性分析中可以看出，当永续增长率由 1.5% 下降至 0.5% 时，终值会从 21.29 亿美元下降至 18.27 亿美元。

		企业价值				
		WACC（单位：亿美元）				
		7.0%	7.5%	8.0%	8.5%	9.0%
	0.50%	22.82	20.36	18.27	16.47	14.91
	1.00%	24.84	22.04	19.67	17.65	15.92
永续增长率	1.50%	27.23	23.99	21.29	19.01	17.06
	1.65%	28.04	24.64	21.83	19.45	17.44
	1.80%	28.89	25.33	22.39	19.92	17.83

图 4-11 双因素敏感性分析

本章小结

- 海外并购主要分为两个阶段，第一阶段为非约束性报价，第二阶段为约束性报价。报价可基于估值采用不同策略。最终的成交价格不应该超过估值区间的最高值。

- 估值基准日是估值的起始点。估值报告日是估值报告出具的时间点。股权收购协议签约日代表双方就股权买卖正式确定法律关系，并在协议中约定股权交易价格及股权价格调整机制。股权交割日代表双方各自履行付款义务及股权转移义务。

- 股权价格调整的方法主要有锁箱机制和交易账户完成调整机制。锁箱机制的最大特点是买方承担自股权收购协议签约日至交割日期间的风险和收益。两种方法各有利弊。在不同方法下的具体调整机制，取决于双方谈判的结果。

- 企业价值乘数是成熟项目最常使用的估值乘数，基于行业经验，在衡量具体项目估值时，要结合具体项目的特点进行分析，判断项目乘数高于或低于行业平均乘数的原因，不能采用一刀切的方式。

- 市净率是估值的参考指标，与收购溢价密切相关。同样，市净率值的高低没有绝对的标准，需要具体项目具体分析。计算该指标时，基于投资结构优化而设置的股东贷款，通常视同股本金作为分母计算。

- 并购贷款是提高财务杠杆的手段，财务杠杆提升可以减少股东自有资金的投入，提升股权收益率。但财务杠杆也是一把双刃剑，贷款比例越高，财务风险越大。

- 项目开发权估值是一类较为特殊的估值，既可以采用收益法现金流折现的方式，也可以采用干股比例法、成本加利润法及市场交易先例等方法。对处于不同阶段的项目开发权，还可以采用概率加权法来进行估值。

- 在计算股权价值时，要掌握权益现金流折现的结果、账面现金和股权价值的对应关系。
- 针对现金流折现的不同方式，自由现金流折现、权益现金流折现和股利现金流折现，都有其适用的场景。
- 商誉减值的最主要原因是估值过高、财务假设过于乐观，在收购完成后实际效果不达预期。
- 控制权溢价、流动性折价和少数股权折价分别是股权价值调整的因素，但是并没有统一的标准。常见的控制权溢价区间是25%~35%，常见的流动性折价区间是30%~40%。
- 永续增长率法的估值结果通常占比较高，且对参数变动较为敏感。因此，需要格外注意以该方法计算估值参数的合理性和可实现性。

项目估值的关键驱动因素

价值的核心是基于企业未来的盈利能力，或者说现金流的创造能力。从估值的角度来看，凡是影响现金流的假设因素，都是估值的驱动因素。针对同一项目估值，也存在不同的角度，有卖方估值和买方估值。

对卖方来说，肯定是希望估值最大化。因此，卖方在做假设的时候，会尽可能将各种参数取值进行激进的处理，夸大收入，减少成本，减少资本性支出。与此同时，称职的卖方顾问会找到出价最高的战略投资人和财务投资人，并在竞标的过程中烘托出紧张激烈的竞争气氛，哪怕在最后一轮竞标中真实的情况是只剩下一家买方来投标，卖方顾问依然会利用媒体散播消息，维持紧张的竞标气氛，从而让买家投标出最高价格。

对买方来说，收购项目初始就要有明确的战略方向和估值定力，设置退出底线。在竞争激烈的交易中，管理层一定要避免势在必得的心态。特别是在已经投入大量人力、物力资源的情况下，公司高管很容易将项目成败与自己的荣誉相挂钩，在最后阶段报出高价，导致收购溢价过高。

5.1 项目估值需要重点关注的五个方面

市场前景及增长是核心驱动因素

有的公司的估值市盈率达百倍，受市场追捧；有的公司的估值市盈率不到 10 倍，少人问津。哪怕处于同一个行业、同一个资本市场，不同公司的估值表现也大相径庭。估值的核心秘密是什么？所有的估值，其核心驱动因素最终都指向一个关键，那就是增长。持续不断的高速增长是估值的核心驱动因素之一。不论是公司的投资经理还是高管或董事会成员，要实现公司业绩增长，日常业务之一就需要在大量的项目中筛选出优质项目，进行科学的投资决策，确保所投资的项目可以成为企业价值增长的驱动力。

对初创企业来说，市场前景和高速增长更是与估值紧密相连。资本市场时常会出现一些估值热点，也就是所谓的赛道行业或是风口。赛道通常指的是某个行业，比如新能源赛道、医疗赛道、碳中和赛道等。通常情况下，赛道的好坏跟一个行业板块的经济发展前景有很大关联，如果该行业发展符合预期发展目标，那么这个投资风口就是对的，特别是在短期内，这类企业容易受到投资者的追捧，形成市场热点，估值也处于顶峰。但这并不代表这些公司会长盛不衰，经济发展和企业运营有其内在规律，任何行业都会有天花板，大多数企业都会经历成长、成熟到衰退的周期过程。

当企业市场前景空间有限或是增长速度下降时，市场给予的估值就完全不同了。当下，我们可以看到资本市场上涉及芯片、生物制药等领域的公司十分热门，而石油化工、房地产等公司的市盈率不到 10 倍，这充分体现了投资人对不同行业的市场前景预期和所给予的估值预期。

盈利和现金流是估值的基本面，也是企业永续经营的基本前提

资本市场偏爱"讲故事"，只要有好的赛道，即使没有销售收入，投资人也会给出非常高的估值。但资本的风不会一直吹下去，企业终究要有好的现金流和盈利水平才能持续经营。不论是曾经风光一时的互联网团购赛道还是后来的共享单车，都因为没有好的现金流和盈利支持，使绝大多数投资人最终将投资变为了消费。

从基本的企业经营来说，销售收入要大于成本才能实现盈利。盈利能力越强，代表企业的核心竞争力越强。举一个简单的例子，贵州茅台是白酒行业的楷模。从历史财务数据来看，公司每年的毛利率基本保持在91%左右，也就是说销售收入每实现100元，其中91元都是毛利润。对于这样的企业来说，企业经营有足够的安全边际，不论产品的市场行情如何变化，都很难对企业的经营产生影响。

基础设施项目重点关注销售收入的可靠性和主要可变成本风险

估值依赖于现金流的实现。销售收入是产生现金流的主要因素。任何销售收入的产生都取决于销售数量和价格。

销售数量一是取决于生产能力，二是取决于市场需求。在特定的投资水平下，能够实现满负荷生产能力可以最大程度地降低单位成本，发挥规模效应，有利于项目的盈利性。但若市场需求不足，项目无法满负荷生产，则会影响预期效益的实现。例如对机场、港口、高速公路等项目来说，如果项目投运后业务流量不达预期，远小于设计生产能力，则会直接影响经济效益实现。因此，在投资决策前期，合理预估流量是最核心的一项假设，会直接关系到项目的投资回报水平。

如果项目可以签署长期的销售协议，确定数量和价格，例如发电企业的长期售电协议或是垃圾处理和污水处理企业的长期合同，可以确定日处理量和单位价格，使项目的收入实现具有非常可靠的计算依据。在做投资决策的时候，这类项目的财务假设和实际表现出现较大差异的可能性较小。

如果影响销售收入的两个变量产量和销售价格都受市场变化的影响，那么项目预测的可靠性就面临较大的不确定性，项目的风险就较高。越是这样的项目，前期的调研工作就要越充分。

销售收入是驱动现金流的主要因素，项目可变成本是决定项目盈利性的主要驱动因素。项目的固定成本例如人工成本、租赁成本等可预测性较强，在项目投资决策前期就可以充分衡量风险。可变成本的风险随销售数量变化而变化，例如石油化工行业的原油成本、天然气发电企业的天然气成本等。对特定项目而言，可变成本通常会由技术工艺决定单位消耗，主要原材料的消耗数量和产量具有相对确定的关系，但是原材料的价格则会随市场变动而变动。对于大型项目，在确定项目销售合同的同时，也要对主要可变成本进行锁定，避免因为成本变动而无法实现价格转嫁，产生巨大的风险。

财务杠杆是价格竞争力的关键制胜因素

在前面的章节，我们已经了解到财务杠杆对提升股权收益率的巨大作用。在相同的条件下，财务杠杆越高，股东的收益率也越高。同样，在相同的投资收益率要求下，使用的财务杠杆越高，所能给出的估值就越高。

在宏观经济环境较好时，融资环境宽松，融资利率较低，财务投资人的出价往往靠较高的杠杆可以比战略投资人的出价更具竞争力。卖方也容易在买方融资成本较低时获得较高的对价水平，因此此时的并购交易也比较活跃。

财务杠杆是一把双刃剑。财务杠杆提升，意味着财务风险增加，企业可忍受的下行风险降低。当行业状况发生波动时，不论是产品售价、销量下降或是成本上升，都会导致企业的现金流不足以偿还贷款本息，从而发生违约风险。特别是很多企业提升财务杠杆的主要融资渠道是短期借款，在短贷长投的情况下，更容易发生现金流中断的风险。

协同效应是战略投资人提升估值的重要因素

战略投资人或产业投资人并购的最大优势就是可以获得协同效应。投资价值相当于并购目标独立状态下的价值加上协同效应，是针对特定投资体现的价值，具有独特性。在和私募股权等财务投资人竞标时，战略投资人胜出的关键在于其可以在收购后对并购标的进行产业整合，不论是从规模经济或是重组业务流程等方面，都可以创造较大的价值。

战略投资人对协同效应的预估也需要建立在科学的基础上，在收购前对整合方案及协同效应产生的金额进行详尽分析。协同效应虽是战略投资人所具有的竞争优势，但也不能将协同效应产生的价值完全支付给卖方。通常情况下，成本协同容易控制和实现，销售收入协同则存在较大的不确定性，需要慎重考虑。

5.2 商誉减值与高估值项目七因素分析

商誉减值是指对企业在收购后形成的商誉进行减值测试后，确认相应的减值损失。商誉作为企业的一项资产，是指企业获取正常盈利水平以上收益（即超额收益）的一种能力，是企业未来实现的超额收益的现值。

简单来说，在企业收购完成后，如果实际业绩表现与收购时的预期发生较大差距，按照当前的预测，现金流的现值达不到原来的估值预期，这个时候就要产生商誉减值了。

作为投资人，都不希望并购的项目失败。对国有企业来说，甚至不愿意看到项目发生商誉减值。因为减值就代表着资产流失。所以，在项目收购的时候，对于支付溢价的部分通常会进行商誉分摊，将一部分溢价分摊到固定资产和无形资产重估增值上面。这部分溢价可以通过重估的资产增值部分每年进行折旧或摊销，最后的剩余部分形成商誉。因为商誉不能进行摊销，所以只能每年进行减值测试。

我们可以从估值的结果反推回去，根据以下七个因素来分析高估值产生的原因。

这些高估值项目并非完全拍脑袋产生的估值，而是在投资决策的时候，遵循了估值的程序，构建了完整的财务模型，依据财务模型计算的结果确定的估值。对于收益法来说，估值最重要的两项驱动因素，一是未来自由现金流，二是折现率。在我们对自由现金流进行拆分之前，首先要关注的是可持续经营的假设。

第一个因素：商业模式的可持续性

对并购项目来说，通常都会有几年的历史经营期限。对历史经营情况和财务数据进行详尽分析是预测的基础。通常人们会按照现有的模式继续来做假设，这种自然而然的想法却是高估值项目最容易忽视的问题，那就是商业模式不能持续。

虽然很多行业的商业模式确实不会发生改变，比如电力项目、高速公路、污水处理厂或是机场等，但我们还是要关注一些特殊情况。例如新开一条高速公路是否会极大地改变原有路段的车流量，导致收益预测发生改变。这些也属于尽职调查的范围。如果尽职调查没有了解到未来的规划，那么就属于重大疏忽。

有的项目的商业模式则看起来不是十分清楚，例如主要依赖核心人力资源的游戏行业、电影行业、咨询公司等。如果在收购时没有对核心人力资源进行约定，在收购后如果关键人员流失，也会存在商业模式不能持续的情况。2016年暴风收购的英国MPS公司曾经是全球体育版权市场的霸主之一，由三位意大利人创建。MPS公司主要从事媒体转播权管理，经营全球重要体育专业联赛的媒体转播权以及分销协议，并开展一系列体育转播权合作项目。2016年，MPS拥有欧洲足球锦标赛、意甲联赛等顶级赛事资源，当年其估值达到14亿美元。但在MPS股权易主后，其创始人相继套现出走，甚至在脱身后另起炉灶，构成了与MPS的直接竞争，导致MPS被竞争对手IMG击败，失去了意甲版权。随后，MPS相继失去了在南美洲等地的系列版权。次年，英超俱乐部阿森纳也终止了与MPS的合作。2018年10月17日，英国高等法院裁决MPS破产清算，投资人斥资52亿元的跨国交易最终结果是一地鸡毛。即使原创始人没有套现离开，MPS拥有的体育赛事版权大部分都在2018和2019年到期，一旦续约失败，就沦为空壳。这就属于商业模式的可持续问题。所以，高估值项目首要关注的问题就是商业模式的可持续性，包括风险投资和私募股权投资的早期企业。

第二个因素：商业周期的变化

在商业模式可持续的前提下，估值的主要驱动因素与现金流预测息息相关。具体为销售收入预测与销货成本预测。

销售收入的驱动因素可以继续逐层拆解为产量和价格。销货成本也可以拆解为用量和价格。不同的行业有不同的产业特征和周期变化趋势。例如，对于矿产业来说,在行业景气时期,矿产品价格达到高位,相对应的资源收购估值也达到新高。在这样的情形下进行收购,肯定要付出高溢价。在收购完成后,一种情况就是价格持续上涨,收购预期实现。另外一种情形是行业热度下降,商品价格急剧下跌。所以,影响高估值项目的第二个因素就是销售收入和成本的周期性变化,导致相关收入或成本与预期产生较大的负向偏离。

第三个因素:过于理想的协同效应

另一种与销售收入或成本相关的假设是协同效应。在收购的时候,有些投资人会对收购后的整合预期过于理想化,不论是对渠道融合还是市场拓展,或是成本协同,都做了较乐观的假设。例如保险公司收购银行的时候,会假想收购完成之后,公司可通过银行的渠道销售更多的保险产品等。但是,这些协同效应实现起来也许会比较困难。

第四个因素:对未来资本性支出考虑不足

可以说,凡是影响现金流实现的因素都是影响估值的因素。与生产经营有关的收入和成本能否按预期实现都会直接影响现金流。如果企业的成长模式是资本驱动,其产量或销量增长是靠不断地进行资本投资扩大产能,那么在做财务模型假设时,必须要同时假设后续的资本性投入。如果对后续的资本性投入考虑不足,也会产生高估值项目。即使产量可以维持,但是因为设备老化,也需要持续投入资本进行设备更新,以维持正常生产经营,这种资本性支出往往易被忽视。因为卖方在产生项目售出计划以后,会尽可能地减少相关成本和支出,其目的一是粉饰财务报表,让相关的财务数据更加诱人;二是延缓资本性支出,争取更多的利益。如果投资人在投资前不能识别有关支出情况，则会面临收购后的再投资的成本支出。

第五个因素：折现率及永续增长率

很多项目估值采用加权平均资本成本来进行折现，或是采用永续增长法计算终值。加权平均资本成本折现暗含的假设就是项目的资本结构不变。从公司层面来说，如果是可持续经营模式，就可以假设维持稳定的资本结构。如果仅仅是针对一个具体的项目，例如一个特许经营期为20年的污水处理项目，通常是在假设初期贷款比例最高，随着贷款逐渐减少，贷款比例越来越低。因此，如果要用不变的资本结构对现金流进行折现，则会高估项目价值。另外，永续增长率采用1%或2%，也会对终值计算产生较大的影响。

第六个因素：政策、法律等外部环境变化

政策、法律等外部环境的变化，都会对项目的未来经营产生影响。举一个简单的例子，针对国内教育行业的双减政策出台后，对教育类公司产生了根本性的影响，甚至使其原有的商业模式不能持续。这类风险很难在投资前精准识别出来。

第七个因素：模型错误

财务模型出现计算错误导致估值失误的事件并不是耸人听闻。对于复杂的项目来说，涉及的数据表格可能有上万行或上百张，在这种情况下，就可能会存在财务模型计算错误。所以，对估值分析师来说，分析任何一个项目都需要谨慎又谨慎，一是通过多方模型进行比对，二是通过多种估值方法进行比对，三是进行内部审校，由团队中不同的人进行审查。

5.3 解读国资委《关于加强中央企业商誉管理的通知》

2022年6月2日，国资委发布《关于加强中央企业商誉管理的通知》及有关说明（以下简称《通知》，原文见 http://www.sasac.gov.cn/n2588030/n16436136/c24876655/content.html），这是国资委加强对央企境外投资管控的重要文件。虽然通知名称没有直接点名境外投资，但通知内容直接表明要强化对境外项目及高溢价项目的管控。

总体来说，《通知》全文分为四个部分：一是总体管理要求，主要内容是要正确认识、高度重视商誉管理，落实主体责任，提升全链条、全周期商誉管理能力，强化对境外项目及高溢价项目的管控。二是加强源头管控，主要内容是风险控制前移，通过规范可研论证、尽职调查、资产评估等工作，从源头上杜绝商誉风险。对高溢价项目要上提企业内部决策权，加强对并购项目的运营管理。因此，只要是高溢价项目，原来是央企授权子公司投资决策的，现在就要提升到集团决策，原来是集团总经理决策的项目，现在就要提升到集团董事会决策。三是规范计量确认，主要内容是规范报表科目列报、减值测试、信息披露等问题，其中特别强调对于连续三年出现减值迹象但减值测试结果未显示发生减值的，要重新审视关键参数的合理性。四是完善长效机制，主要内容是制定商誉专门管理制度，明确商誉管理各环节责任部门；加强中介服务支撑，明确企业和中介机构之间的责任。

总的来说，高溢价项目要提级决策，其具有商誉减值的潜在风险，因此高溢价项目对央企投资来说，通过审批的可能性极低。所以，如何定义高溢价项目就成为一个关键点。

高溢价项目定义

《通知》要求将境外项目以及溢价率高于两年内可比行业或企业平均水平50%以上的项目（以下称高溢价项目）作为管理重点，实施从严管控，及时化解高商誉潜在风险，切实夯实资产质量，维护国有资产安全。

溢价率 = 支付对价 / 经备案的收购股份对应评估价值 −1

这里的公式并没有给出一个具体的数值，而是给出了一个参照基准，就是溢价率高于两年内可比行业或企业平均水平50%以上。

具体到溢价率公式上面，支付对价就是我们常说的股权收购对价。通常来说，国有企业在进行境外收购时，会委托财务顾问、会计师事务所或资产评估师事务所完成估值报告，股权收购价格一般不会高于估值报告中的股权价值。例如，估值报告中的股权价值是100万元，那么在实际报价中，收购价格就不会高于100万元。否则，投资人就需要非常详细地解释收购对价超过股权评估值的原因。所以，如果把经备案的收购股份对应的评估价值理解为资产评估的股权价值，绝大部分项目的溢价率都会是一个负数。

在资产评估报告中经常提到的一个概念是增值率，就是将评估结果和账面资产进行比较。例如账面净资产是1000万元，经评估后账面净资产是1500万元，其增值率就是50%。正如前文所说，在央企境外投资中，股权收购价格通常会低于资产评估价格，所以即使资产评估增值率较高，也并不代表股权支付价格就等同于资产评估价格。在笔者曾经做过的一笔交易中，财务顾问给出的股权评估价值为6亿美元，但实际的股权成交价格为5亿美元。

溢价率，顾名思义就是支付价格超过基准价值的比率。结合《通知》要求是管控商誉，因此分母可以理解为经备案的收购股份对应的可辨认的净资产评估值。因为商誉等于股权支付对价减去可辨认的净资产评估值，因此公式可以变形为：

溢价率 =（股权支付对价 – 可辨认的净资产评估值）/ 可辨认的净资产评估值
　　　 = 商誉 / 可辨认的净资产评估值

经过公式变形，可以直接得出商誉与可辨认的净资产评估值的比率。虽然这个比率相对而言已经很直观，但是新的可辨认的净资产评估值已经是资产评估增值后的结果，包括了一定的溢价，所以这个比率是否代表高溢价，仍然没有明确的依据。

还有一个简单的办法就是将分母变更为收购股份对应的净资产。因为净资产是账面数据，不需要任何财务会计或资产评估调整，在收购前就可以直接计算。这个指标就是我们常用的市净率，即股权对价 / 账面净资产。但在实践中，我们也很难判断高溢价项目的标准，因为项目所处的时期不同，如果投产初期或运营时间较长，或是因为投产初期的净亏损导致项目净资产较低，就会导致市净率偏高。此外，由于同类项目资源、合同收入、运营成本不同，也不存在统一的市净率标准。虽然市净率代表溢价水平，但是不加区别地以市净率来判断高溢价，也非科学评判的体现。

根据《通知》要求，计算出的溢价率要和两年内可比行业或企业平均水平进行比较，超过平均水平 50% 以上的项目才是高溢价项目。但是两年内可比行业或企业平均水平则没有明确的标准，这在实际业务中也较难进行认定。如果分母是可辨认的净资产评估值，实际上确定这个数值的同时也就完成了商誉分摊的工作。但这项工作通常是在收购完成后进行，所以如何在收购之前就确认其是高溢价项目，存在一定的难度。

综上所述，虽然《通知》明确要求对高溢价项目要加强管控，但在实际执行中缺乏明确的认定标准，其好处是保留了制度执行的灵活性。

商誉分摊

《通知》中要求加强商誉管控，目的就是要尽量减少商誉的确认。商誉有减值风险，溢价又不能避免，那么在收购后进行商誉分摊时，就要将收购溢价尽可能地分摊到固定资产和无形资产中。这也是《通知》的第三部分规范商誉计量管理、夯实会计信息质量中的内容。

商誉初始确认计量是后续会计处理的基础。中央企业应当严格根据《企业会计准则》将合并成本在并购日资产负债中（有形资产、无形资产、确认负债、或有负债）进行合理分配，确实不可分配的部分才可确认为商誉。应当充分识别被并购企业专利权、非专利技术、特定客户关系、商标权、著作权、土地使用权、特许权等符合可辨认性标准的无形资产，不得将其确认为商誉。商誉应当在购买日分摊至相关资产组，认定资产组要以独立产生现金流入为主要依据，不应包括与商誉无关的资产及负债，后续会计期间应当保持一致、不得随意变更。

简单来说，在收购后进行商誉分摊时，要尽可能地将溢价水平分摊到固定资产和无形资产的重估增值中，剩下的才体现为商誉。虽然固定资产和无形资产的重估增值会增加折旧（此部分折旧摊销不能抵税）、降低利润，但毕竟是非现金支出，其优点是在资产负债表上不会形成较高的商誉。溢价部分会每年通过重估资产增值的折旧摊销进行抵减。商誉降低，商誉减值的绝对数值就会减小，从而降低风险。

商誉减值的原因

对于已经形成的商誉，要每年进行减值测试。商誉形成的原因是股权估值所产生的溢价，股权估值则是依据对未来现金流的预测。如果现金流和效益持续恶化或明显低于预期、主要产品技术升级迭代、行业环境或产业政策发生根本改变、所在地区宏观环境风险增加等，导致收购后的财务业绩不达预期，那么股权估值就会降低，商誉也就失去了基础。

从估值的角度来说，股权价值一是和现金流预测相关，二是与折现率相关。如果财务业绩不达预期，那么进行商誉减值是非常容易理解的。另外一种减值则很难理解，那就是折现率的变化。折现率就是股权成本，通常中介机构是按照资本资产定价模型对其进行计算。

$$股权成本 = 无风险利率 + \beta \times 市场风险溢价$$

不论是无风险利率还是市场风险溢价都在动态变化，特别是近几年，美国资产市场股票收益率高，市场风险溢价提高。中介机构在2021年收购评估时可能会以9%作为股权成本折现率，但是在2022年减值测试则可能以10%作为股权成本折现率。在这种情况下，哪怕收购目标的财务数据符合预期，但因为折现率提升、股权价值降低，也需要进行商誉减值。

以笔者的理解，在判断商誉是否减值的时候，不应该采用最新的折现率，而应该采用历史折现率，即投资决策时采用的投资收益率门槛，或是在决定投资收购价格时采用的收益率。一是由于折现率本身是非常学术的理论计算，而且完全依据美国的资本体系，现实意义非常有限。二是由于如果机构的融资成本是3%、一直采用8%的目标收益率来进行投资，那么也不应该根据折现率的变化来进行减值判断。只要实际财务数据表现符合财务模型预期，就不应该以折现率的变化作为减值的判断依据。

综上所述，随着中央企业投资并购不断增加，形成的商誉规模大幅增长，部分企业存在高溢价、高商誉、高减值的连锁风险，因此国资委适时出台指导文件进行商誉管控。商誉管控的核心是源头控制，在笔者的投资实践中，源头控制的核心有三个：第一是提升央企自身的投资估值团队专业能力，从事投资估值的一线人员必须具有相当于注册估值分析师（CVA）的资质，同时在内部组织建设上，将投资估值负责人岗位独立于组织行政体系，保持专业独立性，为高层领导投资决策提供独立意见，不受部门层级的领导意见影响。第二是在提升内部团队投资估值专业水平的基础上，利用好中介机构，实现两个团队对结果的互相验证，而不是完全依赖中介机构。第三是在内部考核机制上，弱化投资并购的增长考核指标，因为投资并购有很大的偶然性，如果在并购时机不合适的情况下，强行设置并购完成指标，更容易导致被考核人员为完成当年指标而提升并购价格。

董事高管估值
知识简明指南

并购案例的估值过程详解

本章会通过案例介绍估值的完整过程，使董事高管们了解一个项目的估值分析开始到最后结束，需要完成哪些步骤，如何得出最后的估值结论。

对从事投资估值的专业人员来说，在开展估值具体工作前，首先需要对项目的整体情况进行分析和了解，特别是目标项目是否符合公司的战略发展方向、项目是否存在颠覆性风险、业务范围有哪些可能的协同效应、项目的主要收入及成本驱动因素、影响投资收益率的关键因素等。对财务投资人来说，投资的目的就是退出增值，因此也需要关注业绩的驱动因素和增长前景，以便在退出时实现较好的投资回报。

6.1 针对投资所在国别及行业，进一步判断投资潜力与市场发展空间

对重点国别和行业市场的研判，通常在项目机会出现之前就已经完成。董事高管们也可以要求投资团队每年选择一个重点领域和国别进行战略研究。这样一

来可以有的放矢地在重点领域寻找项目机会，深挖市场，甚至可以主动出击，在具体项目机会出现的时候，不需要花费时间再对宏观情况进行分析和研究。

6.2 研判项目，了解卖方出售动机，判断项目是否符合公司投资发展目标

在确定国别和行业的基本方向后，接下来就落实到具体项目上。本书第1章所述案例项目是行业内生产同类产品的先进企业，产品是发动机关键零配件，公司掌握关键核心专利，客户均为一线品牌，渠道稳定。若投资人是产业投资人，需要考虑公司成功收购后与目标企业将会产生哪些协同效应，对本公司的发展有何帮助。若投资人是财务投资人，则需要考虑公司成功收购后，如何进一步提升公司效益，退出时是否可以实现预期收益率水平。

本书案例项目的卖方是知名私募股权基金，项目到期后出售是私募基金惯常的商业模式。因此，本项目是一个正常的私募股权基金退出项目。除此之外，我们还会遇到诸如创始人退休、公司战略调整而出售或是公司现金流短缺被迫出售资产等多种情形。

6.3 历史财务分析

可以对项目公司的历史数据、历史经营情况进行分析，将其作为未来预测的基础。

2021年，ABC公司的收入为5500万欧元，净利润为714万欧元。截至2021年底，公司资产负债表上还有1500万欧元的银行负债和100万欧元的现金（见表6-1）。

表 6-1　ABC 公司历史财务数据

（单位：千欧元）

利润表	2020	2021	资本结构	12/31/2021
销售收入	50000	55000	银行负债	15000
销货成本	(28370)	(33000)	股东权益	35000
毛利润	21630	22000	资本总额	50000
销售、行政及管理费用	(8800)	(10500)		
EBITDA	12830	11500	资本结构（%）	
折旧摊销	(2250)	(2500)	银行负债	30%
息税前利润	10580	9000	股东权益	70%
利息费用	(600)	(600)	资本总额（%）	100%
税前利润	9980	8400		
所得税	(1497)	(1260)	现金	1000
净利润	8483	7140		

资产负债表				
2021 年 12 月 31 日				
现金及现金等价物		1000	应付账款	1800
应收账款		2500	其他流动负债	100
其他流动资产		300		
流动资产合计		3800	流动负债合计	1900
			长期借款	15000
			负债合计	16900
固定资产		48100	股东权益	35000
			股本	30000
			未分配利润	5000
总资产		51900	负债及所有者权益	51900

根据过往两年的财务数据,我们可以分别计算相关财务比率(见表6-2)。根据资料可以看到,2021年ABC公司的销售收入虽然保持了10%的增长率,但是毛利率和净利率水平均有所下降。在对未来经营情况进行预测时,要特别注意公司是否存在以稀释利润水平来换取更大市场空间的趋势。

表6-2 ABC公司历史财务比率

	2020年	2021年
销售增长率	—	10.0%
毛利率	43.3%	40.0%
净利率	17.0%	13.0%
净资产收益率	—	20.4%
资产负债率	—	32.6%

6.4 市场法计算ABC公司的估值区间

在构建详细的财务模型之前,我们会按照市场法来估算目标公司的估值区间。根据行业经验,投资银行提供了ABC公司所在行业的企业价值乘数和股权价值乘数(见图6-1)。

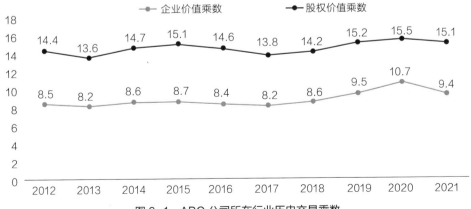

图6-1 ABC公司所在行业历史交易乘数

根据历史交易乘数，可以看出 ABC 公司所在行业的企业价值乘数的区间为 8.2~10.7 倍，股权价值乘数的区间为 13.6~15.5 倍，目前行业交易乘数处于历史高点。根据 ABC 公司 2021 年 EBITDA 为 1150 万欧元、净利润 714 万欧元，我们可以得出表 6-3 所示的估值区间。

表 6-3 ABC 公司市场法估值区间

（单位：千欧元）

企业价值乘数	低值	高值
企业价值	94300	123050
净负债	14000	14000
股权价值	80300	109050

股权价值乘数	低值	高值
股权价值	97104	110670

根据行业交易乘数进行计算，我们可以看到，在不同的估值方法下，ABC 公司的股权价值区间为 9710.4 万 ~11067 万欧元。目前行业交易乘数处于高位区间。另外需要注意的是，这里的估值区间是按照历史业绩来计算的，对投资来说更重要的是未来的财务效益，因此采用市场法估值，也会根据未来 1 年或 2 年的财务指标计算相关的估值区间。

6.5 收益法——现金流折现分析

市场法是主要的估值方法，但会受市场波动的影响，现金流折现是反映企业基本面价值的主要方法。因此，在并购中采用现金流折现也是估值的主要方法之一,特别是对资本结构稳定的公司,通常采用自由现金流折现的方式来进行估值。一般情况下,卖方提供的初始财务预测都比较乐观,买方需要根据自身对市场的判断,对主要参数假设进行预测。针对卖方提供的未来预测,投资人在分析市场后,往往会对销售收入增长率、相关的费用比率及资本性支出占销售收入的比例进行调整。

预测期

对于无明显寿命期的项目,通常会按照投资人的假设退出期来设定预测期。如果是对有明显寿命期的项目进行评估,例如矿产资源、电站、有特许经营期的污水处理厂,最好的方法就是构建一个完整寿命期的模型。对财务投资人来说,可以根据假设的退出期限构建一个5~10年的财务模型。

收入

ABC公司估值模型的另一个基本假设是,公司的发展主要以收入增长为推动力。也就是说,公司的收入每年会按一定比例持续增长,但利润表的其他主要科目将相对收入维持不变的比例(在预测期间,利润率通常会保持不变)。因此,在预测期内,销售、行政及管理费用(SG&A)以及折旧摊销将相对每年的收入维持固定的百分比。

折旧摊销(D&A)

折旧摊销预计占每年收入的5%。这是另一个高度简化的假设——但简化假设通常仅用于快餐式的分析。实践中,在对ABC公司资产进行研究并为这些资产制订折旧计划之后,才能制定出针对折旧摊销预测值的假设。

资本性支出(CAPEX)

在预测期内,我们假设公司每年的资本性支出等于当年计提的折旧。这同样是一个简化假设。将折旧设定为资本性支出是一种常见的财务建模假设。

这背后的基本逻辑是，如果资本性支出等于折旧，那么全部不断老化（通过折旧）的资产都将得到修复或替换（通过资本性支出）。由于资产的老化（折旧）将被针对资产基础（资本性支出）的新投资所完全弥补，因此，我们可以假设资产基础保持不变。这种资本性支出是维护性资本支出，因为它只能维护现有的资产基础，而不会改善。要增加资产基础（比如进入新市场、创建新产品线或支持销售额的增长），就必须保证资本性支出在一段时期内超过折旧（也被称为投资性资本支出或成长性资本支出）。对于收入高增长的财务预测，除维护性资本支出外，重要的是要保证投资性资本支出率维持在一定水平。

营运资本

计算营运资本占销售收入的百分比也是一个简化假设。在包括三份报表（利润表、资产负债表和现金流量表）的完整财务模型中，需要对资产负债表中的每个项目进行预测，然后，根据预测得到的资产负债表计算营运资本变动额。营运资本等于流动资产减去流动负债的余额，再扣除现金和短期债务。

根据调整后的假设，预测项目未来10年的财务数据及自由现金流，见表6-4。

终值

我们可以采用退出乘数法和永续增长率法分别计算终值（见表6-5）。通常情况下，会假设退出乘数与收购乘数相同，假设退出乘数为行业近期交易参考值9.4倍，永续增长率取0.5%。

并购案例的估值过程详解

表6-4 ABC公司未来自由现金流

(单位：千欧元)

ABC公司预测财务报表										
利润表	2022E	2023E	2024E	2025E	2026E	2027E	2028E	2029E	2030E	2031E
销售收入	60500	66550	73205	79061	85386	92217	99595	104574	109803	115293
销货成本	(36300)	(39930)	(43923)	(47437)	(51232)	(55330)	(59757)	(62745)	(65882)	(69176)
毛利润	24200	26620	29282	31625	34155	36887	39838	41830	43921	46117
销售、行政及管理费用	(11550)	(12705)	(13976)	(15094)	(16301)	(17605)	(19014)	(19964)	(20962)	(22011)
EBITDA	12650	13915	15307	16531	17854	19282	20824	21866	22959	24107
折旧摊销	(3025)	(3328)	(3660)	(3953)	(4269)	(4611)	(4980)	(5229)	(5490)	(5765)
息税前利润	9625	10588	11646	12578	13584	14671	15845	16637	17469	18342
利息收入	1	6	12	19	26	33	42	51	60	70
利息费用	(600)	(600)	(600)	(600)	(600)	(600)	(600)	(600)	(600)	(600)
税前利润	9026	9994	11058	11997	13010	14104	15286	16087	16929	17812
所得税	(1354)	(1499)	(1659)	(1799)	(1951)	(2116)	(2293)	(2413)	(2539)	(2672)
净利润	7672	8495	9400	10197	11058	11989	12993	13674	14389	15140
自由现金流	2022E	2023E	2024E	2025E	2026E	2027E	2028E	2029E	2030E	2031E
息税前利润	9625	10588	11646	12578	13584	14671	15845	16637	17469	18342
所得税	(1444)	(1588)	(1747)	(1887)	(2038)	(2201)	(2377)	(2496)	(2620)	(2751)
息前税后利润	8181	8999	9899	10691	11547	12470	13468	14141	14848	15591
折旧摊销	3025	3328	3660	3953	4269	4611	4980	5229	5490	5765
资本性支出	(3025)	(3328)	(3660)	(3953)	(4269)	(4611)	(4980)	(5229)	(5490)	(5765)
营运资本变化	8	91	100	88	95	102	111	75	78	82
自由现金流	8174	8909	9799	10603	11452	12368	13357	14067	14770	15508

表6-5 终值计算

永续增长率法 （单位：千欧元）

期末自由现金流	15508
永续增长率	0.5%
终值	141075.1
折现因子	0.3353
现值	47296.9
企业价值	111549.9
净负债	14000.0
股权价值	97549.9

退出乘数法

退出年EBITDA	24106.8
退出乘数	9.4
终值	226603.5
折现因子	0.3353
现值	75971.2
企业价值	140224
净负债	14000
股权价值	126224

折现率

假设 ABC 公司的资本结构保持不变，债务占比 30%，权益占比 70%，债务利率水平为 4%，所得税税率为 15%，股权成本按 15% 计算，可以得出加权平均资本成本为 11.5%（见表 6-6）。

表6-6 加权平均资本成本计算

目标资本结构	
债务/资本总额	30.0%
权益/资本总额	70.0%
债务成本	
债务综合成本	4.0%
所得税税率	15.0%
税后债务成本	3.4%
权益成本	
无风险利率	0.5%
贝塔系数	1.2
市场风险溢价	6.70%
规模溢价	6.5%
权益成本	15.0%
加权平均资本成本	11.5%

自由现金流和终值折现

根据预测的自由现金流和终值，采用11.5%的加权平均资本成本（见表6-6），我们就可以计算出目标公司在永续增长率法下的企业价值约为111549.9千欧元，在退出乘数法下的企业价值为140224千欧元。我们再根据企业价值＝股权价值＋净负债的公式，进一步推导出永续增长率法下的股权价值约为97549.9千欧元，退出乘数法下的企业价值约为126224千欧元（见表6-5）。

双因素敏感性分析

通过以上计算可以发现，不论是永续增长率、退出乘数或加权平均资本成本的变化，都会对估值产生较大影响。但这些假设不绝对客观，因此我们通常会采用双因素敏感性分析法（见表6-7），来观察在不同假设下估值的变动区间，从而更好地把握估值范围。

表6-7 双因素敏感性分析

（单位：千欧元）

		永续增长率						
		0.00	0.25%	0.50%	0.75%	1.00%	1.25%	1.50%
加权平均资本成本	9.0%	131399	133666	136066	138612	141316	144196	147267
	9.5%	122722	124671	126729	128904	131207	133650	136246
	10.0%	114941	116628	118403	120274	122249	124337	126548
	10.5%	107929	109396	110936	112555	114259	116055	117951
	11.0%	101579	102861	104203	105612	107090	108645	110281
	11.5%	95804	96929	98105	99336	100626	101978	103398
	12.0%	90531	91523	92558	93638	94768	95950	97189
	12.5%	85700	86577	87491	88443	89437	90476	91561

		退出乘数						
		8.0	8.5	9.0	9.5	10.0	10.5	11.0
加权平均资本成本	9.0%	140075	145166	150258	155349	160441	165532	170623
	9.5%	134669	139532	144396	149260	154123	158987	163851
	10.0%	129503	134150	138797	143444	148091	152739	157386
	10.5%	124566	129007	133448	137889	142330	146771	151212
	11.0%	119846	124091	128336	132581	136826	141071	145316
	11.5%	115332	119391	123449	127508	131566	135625	139683
	12.0%	111014	114895	118776	122657	126538	130419	134299
	12.5%	106883	110594	114306	118018	121730	125441	129153

通过表6-7可以看到，在永续增长率取值0%~1.50%的区间、加权平均资本成本的取值为9.0%~12.5%的区间内，估值范围为85700千~147267千欧元。

6.6 收益法——杠杆收购分析

在采用市场法和自由现金流折现的方式对目标公司进行估值后，我们已经对目标公司的股权价值区间有了大致的理解。对任何一位财务投资人来说，更关心的是在退出项目时是否可以实现预期的收益率，特别是在考虑杠杆收购的情况下，是否可以进一步提升投资人的收益率水平。

为此，我们假设投资人采用杠杆收购的方式来计算财务投资人在目标收益率情况下的最大出价。财务投资者将以12600万欧元的价格、以现金方式收购ABC公司的全部股权。其中，1500万欧元的现有债务将通过新的债务予以偿还（这种再融资通常发生在杠杆收购中）。ABC公司账面100万欧元的现金将不会用于收购。

企业价值为14000万欧元（股权价值12600万欧元+现有债务净额1400万欧元=14000万欧元）。财务投资者支付的"收购乘数"包括以下几项（见表6-8）：

表6-8 交易乘数

（单位：千欧元）

ABC公司交易乘数					
交易乘数（收购乘数）					
股权价值	126000	企业价值乘数		股权价值乘数	
现有债务	15000	企业价值	140000	股权价值	126000
现有现金	(1000)	2021年EBITDA	11500	2021年净利润	7140
企业价值	140000	企业价值/EBITDA	12.2	市盈率	17.6
		企业价值	140000	股权价值	126000
		2021年息税前利润	9000	净资产值	35000
		企业价值/息税前利润	15.6	市净率	3.6

- 12.2 倍的 EBITDA。
- 15.6 倍的息税前利润。
- 17.6 倍的市盈率。
- 3.6 倍的市净率。

为了此次收购，财务投资者的融资来源包括：8600 万欧元的银行贷款，5600 万欧元的股权资金。财务投资者不会使用 ABC 公司现有的 100 万欧元现金为收购提供资金（会继续作为目标公司资产负债表上的现金，用于未来营运资本的需要）。因此，在交易完成之后，ABC 公司的资本总额包括 8600 万欧元的未偿还债务和 5600 万欧元的账面所有者权益。其他交易费用合计为 100 万欧元（见表 6-9）。

表 6-9 资本总额

（单位：千欧元）

ABC 公司交易后资本总额构成					
资金来源与使用					
收购银行负债		86000	股权价值		126000
股本金投入		56000	偿还原银行负债		15000
资金来源合计		142000	交易费用		1000
			资金使用合计		142000
交易前和交易后资本总额					
	交易前		调整	交易后	
交易前银行负债	15000	30%	(15000)	0	0
收购银行融资	0	0	86000	86000	61%
负债合计	15000	30%	71000	86000	61%
股东权益	35000	70%	21000	56000	39%
资本总额	50000	100%	92000	142000	100%

在收购前，ABC 公司的资本金包括 30% 的债务和 70% 的所有者权益。财务投资人收购后，ABC 公司的资本结构转变为 61% 的债务和 39% 的所有者权益。

那么，财务投资人是否可以用 12600 万欧元进行收购报价？这个报价水平是否可以满足财务投资人的投资收益率要求？财务投资人可以通过建立杠杆收购模型计算 ABC 公司的股权收益率，在此基础上选择一个按公司既定风险能带来可接受股权收益率的价格。

我们利用可取得的历史利润率和增长率，对预测期内的利润率和增长率做出假设。假设的合理性和准确性将最终决定模型输出结论的质量。从理论上说，对任何交易，我们都可以做出足够乐观的假设（并据此做出财务预测）。因此，假设的合理性非常重要。在开始的时候，这些假设应是公司历史业绩表现的写照。任何一项历史业绩的改善（如年销收入的增长、原材料成本的下降以及所需资本性支出的减少等）都必须以针对具体项目的充分研究为前提，而且财务投资人已认定公司的历史业绩确实能得到改进，从而证明业绩改善假设的合理性。

制订 ABC 公司的贷款偿还计划

根据基本假设，我们应制定一套财务预测，以估算可用于偿还债务的现金流。为此，首先需要编制预测的利润表，然后对其进行调整，推导出经营活动现金流，最后再减去资本性支出。一旦计算出可用于偿还债务的现金流，我们即可对可用于减少收购负债的全部现金流做出假设。在财务建模中，常见的做法是假设所有超额现金（现金余额中超过正常经营所需现金的部分）均用于偿还债务，直到收购负债全部偿还为止，也就是说，只有超过收购负债的数额时，才会出现真正意义上的现金余额。实践中，在偿还全部收购债务之前，大多数杠杆收购公司会被再次出售、再度加杠杆或是通过首次公开发行而出售给公众。

计算 ABC 公司在预测期结束时的退出价值

在预测期的最后一年里，需要根据 ABC 公司最有可能采取的退出方案计算退出价值。比如说，财务投资人将向另一个买方出售 ABC 公司（不是通过 IPO 在公开市场上出售股权），那么，并购的可比交易倍数就是计算退出价值应采用的估值倍数。如果财务投资人决定通过 IPO 公开转让股权，那么可以用可比公司乘数来估算退出价值。

通常情况下，退出企业价值与 EBITDA 之比（EV/EBITDA）应与收购乘数保持相同。因此，要计算退出价值，可将退出最后一年的 EBITDA 乘以假定的退出乘数，从而得到该年度的企业价值估计值。随后，再减去当期的债务净额估计值。当然，对目标企业来说，如果每年的 EBITDA 值不同，债务净额不同，那么每年的退出股权价值也不同。在理想情况下，会存在一个最佳退出时点，即退出的投资收益率最高。我们可以按照假设，考虑从第 5 年到第 10 年退出的情形。

计算财务投资人股权投资的内部收益率和现金收益倍数

在计算出退出年度的股权价值之后，我们即可计算股权投资的内部收益率（IRR）。IRR 是指预测的股权现金流现值等于已投资股权资本的折现率，也是导致投资项目全部现金流的净现值为 0 时所对应的折现率。在对 ABC 公司的全部收购价格中，以股权支付的部分为 5600 万欧元。因此，在时点 0（或是本例中的 2021 年 12 月 31 日），这 5600 万欧元的流出现金流为负现金流。在退出年度，假设为第 5 年，财务投资人按 ABC 公司 2026 年 EBITDA 的 9.4 倍出售该公司，由此得到的现金收入扣除当年未偿还债务净额 5426 万欧元后，即为11356万欧元的股权价值。除了计算隐含IRR之外，财务投资人可能还需要计算隐含利润以及利润对初始投资额的倍数（即现金收益倍数）。同时我们也按照不同的假设退出年份，再次计算IRR水平。从计算结果可以看出，退出时间越往后，现金收益倍数越大，但是考虑到时间价值因素，财务投资人在第7年退出，可以实现16.2%的内部收益率（见表6-10）。

表6-10　不同退出时机的内部收益率

退出年	5	6	7	8	9	10
内部收益率	15.2%	15.9%	16.2%	15.8%	15.4%	15.0%
现金收益倍数	2.0	2.4	2.9	3.2	3.6	4.0

从杠杆收购分析可以看出，即使财务投资人按照估值区间的高端12600万欧元进行收购，仍然可以实现超过15%的内部收益率。如果按照第10年退出的假设，我们也可以根据不同的收益率标准，计算所能给出的收购价格，见表6-11。

表6-11　不同内部收益率下的收购价格

（单位：千欧元）

收购价格	100000	105000	110000	115000	120000	125000	130000	135000
IRR	17.4%	16.9%	16.4%	15.9%	15.5%	15.1%	14.5%	13.9%

7 估值报告的审核

本章主要介绍董事高管们如何快速审核内部团队或第三方顾问机构完成的估值报告,审核时需要重点关注的事项,以及如何快速了解估值机构的性质。

7.1 有哪些第三方估值机构

国资委发布的《中央企业境外投资监督管理办法》第十三条规定,中央企业应当根据企业发展战略和规划,按照经国资委确认的主业,选择、确定境外投资项目,做好境外投资项目的融资、投资、管理、退出全过程的研究论证。对于境外新投资项目,应当充分借助国内外中介机构的专业服务,深入进行技术、市场、财务和法律等方面的可行性研究与论证,提高境外投资决策质量,其中股权类投资项目应开展必要的尽职调查,并按要求履行资产评估或估值程序。

从文件规定可以看出,涉及估值工作的机构主要有两类,一类是资产评估师事务所；一类是包括券商、财务顾问、投资银行、会计师事务所、咨询公司等在内的可从事估值服务并出具估值报告的机构。

资产评估师事务所

国有资产转让必须要委托有评估资质的资产评估师事务所。资产评估业务有严格的资产评估程序和方法，出具资产评估报告的从业人员必须有资产评估师资质。因为资产评估是国有资产转让所必需的法定程序，在买卖双方确定好收购价格以后，应委托资产评估师事务所进行评估，证明收购价格的合理性。对投资人来说，如何在投资收购前确定收购价格，或参与收购竞拍，传统的资产评估师事务所很难提供太多的帮助。

投资银行及财务顾问

投资银行及财务顾问的工作通常是为卖方出售价格和买方收购报价提供参考意见，并出具估值报告。但因投资银行或财务顾问提供的估值报告不符合国资委的法定程序要求，因此不要求写报告的人有具体的资质。

投资银行及财务顾问通常可以提供行业类似交易的先例交易价格以供参考，特别是行业内排名靠前的投资银行，通常对行业内的交易情况了如指掌。这也是投资银行和财务顾问的优势所在。这类机构的收费模式是基于成功费抽成，出具一份估值报告不会另外收费，估值报告的内容可以与投资人协商进行修改。虽然从利益角度看，投资银行顾问的建议要以客户获得最大利益为出发点，但实际上为了获取价格不菲的成功费，投资银行顾问在进行估值假设时通常会比较激进。因此，投资人一定要建立自己的内部估值团队，可以借鉴和参考投资银行顾问的建议，但一定不要完全依赖，投资人的内部估值团队也需要认真复核投资银行及财务顾问提供的财务模型，对比验证。

会计师事务所

很多会计师事务所也设立了财务顾问业务模块，建立了估值服务团队。需要注意的是，会计师事务所出具的报告也是估值报告，不是国资委要求的资产评估报告。

会计师事务所的优点是有丰富的审计和财税经验，其估值服务团队与企业内部的财税审计团队沟通时会较为顺畅。估值服务和审计业务一样，是属于单独收费的业务。由于估值报告需要经会计师事务所内部审核后才能提供给客户，而估值报告的假设通常要由投资人来提供，所以会计师事务所提供的估值报告中会明确提出，所有假设都基于投资人提供的数据，会计师事务所免除一切相关的责任和风险。从这一点来说，投资人可以将会计师事务所提供的估值报告作为参考进行比较，从而避免财务模型风险。

如下这段话就是典型的会计师事务所出具估值报告的责任声明术语：

我方主要的信息来源是由贵方提供的信息和资料，我方不会对贵方提供的这些资料和信息的准确性、完整性、可靠性及真实性再做额外的调查和检验，对于这些信息的可靠性我方不承担任何责任，其责任由贵方承担。

本报告中会注释有"×××分析"字样，仅表明我们（在特别指出之处）对相关数据进行了某些分析工作形成了报告中的信息，我们对这些数据的可靠性不承担责任。

董事高管们需要知悉的是，不论是资产评估师事务所、投资银行、财务顾问、会计师事务所，这些中介机构完成的估值报告仍然是以内部投资团队的尽调材料为基础，在使用的时候可以作为投资决策的参考，但更重要的依然是内部投资专业团队的判断。

7.2 估值报告的审核要点

董事高管们在内部投资决策会议上对重大投资项目进行决策时,通常需要审查项目团队提交的项目投资决策材料。估值报告也会作为投资决策重要的依据文件,特别是在审查估值报告及其结果时,可以重点审核以下几个问题,并请投资团队进行回答。

本项目的交易估值与可比公司或可比先例交易等行业指标相比,处于什么水平

如前所述,可比公司分析、可比先例交易和行业指标可以快速判断项目大体的估值范围。将目标项目的估值乘数和行业交易乘数相比,可以快速判断价格所处的区间水平。如果价格高于市场交易水平,则需要项目团队解答为什么估值结果会高于行业水平,例如产品签约价格更高、技术更先进或是未来发展潜力大等原因。先从总体上判断目标公司的估值。

针对收益法的现金流折现,明确主要驱动因素的假设依据来源

项目估值的主要结果由未来的现金流确定。因此,针对影响现金流的核心驱动因素,特别是针对收入、成本、资本性支出假设三大关键驱动因素,需要投资团队明确说明,这些假设的取值是依据现有合同,还是完全依据市场假设。如果销售收入及成本假设完全依据现有可执行合同,那么销售收入和成本预测都有比较强的可靠性,财务模型预测结果容易实现。如果销售收入及成本假设完全取决于市场波动,那么财务预测的风险较大,需要请投资团队再做额外的说明,例如对历史数据和未来预测进行对比,看能否体现合理的预测。

针对每一项关键假设数据,都需要提供一张清晰的假设数据列表,并备注数据来源,例如假设数据是依据第三方顾问的报告还是投资团队内部判断的结论。

财务预测数据和历史数据相比较,是否具有可比性

在收购已有一定经营年限的企业时,董事高管们需要特别关注企业的历史经营业绩和未来财务预测的可比性。有一种情况是企业的历史财务绩效很差,但是财务预测非常乐观,在这种情况下,投资团队应解释产生这种差异的原因,以及为什么认为收购后财务业绩会发生重大变化。

董事高管们可以审阅项目未来寿命期的逐年销售收入、净利润和现金流的变化情况。如果全寿命期数据趋势较为一致,则可以重点审核假设依据。如果发现全寿命期内销售收入和净利润水平还有明显变化,则需要特别关注是哪些假设变化导致销售收入或净利润发生了变化。

如果涉及协同效应,就需要特别留意。因为很多预测的协同效应在具体执行的时候,总会因为各种各样的困难不能完全落实。

关注财务杠杆及融资假设

公司一般会要求项目的投资回报率应实现行业的基准收益率,也就是我们通常所理解的权益投资的内部收益率要大于公司确定的门槛收益率。由于财务杠杆可以无限放大权益投资收益率,因此,董事高管们需要特别明确,投资团队的估值在满足公司确定的基准收益率的同时,在项目中所使用的财务杠杆水平。特别是在公司内部,不同项目的收益率比较要基于相同的财务杠杆。

本章小结

- 重大投资项目都要请第三方估值机构作为外部顾问，根据不同政策要求，完成资产评估报告或估值报告。

- 资产评估师事务所可以出具资产评估报告，会计师事务所、券商及投资银行、咨询公司可以作为外部顾问出具估值报告。不同的外部顾问具有不同的优点和局限性，投资人在做投资决策时必须依据内部估值团队的判断，不能完全依赖外部顾问。

- 董事高管们审核估值报告要重点关注目标公司估值与可比公司、可比先例交易及行业估值乘数的比较，要求投资团队解释目标公司估值乘数偏离行业交易乘数的原因。

- 董事高管们在审核收益法估值时要重点关注主要驱动因素的假设依据、财务预测数据与历史数据表现是否连贯、财务杠杆假设是否相同。

董事高管估值
知识简明指南

海外收购的交易流程与主要风险

本章主要介绍海外收购交易的流程、估值与风险。通常海外收购最大的问题是支付过高的收购溢价,在收购完成后,财务表现不达预期,收购溢价形成商誉减值的风险。收购溢价和估值紧密相关。

8.1 海外收购的交易流程

国内收购的流程大多是一对一的协商式收购,而海外收购更常见的流程是竞拍式收购。这个流程和我们所理解的拍卖会很类似,卖方会委托一家投资银行来组织整个出售流程,而卖方的投资银行会想方设法把信息传达给市场上的主要玩家,当然也可能是出价最高的买家,然后以竞拍的方式烘托竞争气氛,希望以最高的价格将企业出售。

海外收购的交易流程与主要风险

买方和卖方

除了真正意义上的对等合并以外,收购方会被视为交易的"买方",而出售方或目标公司则被视为交易的"卖方"。卖方非常注重出售流程,而买方的收购流程在很大程度上与估值、融资及内部投资决策的流程相关。表8-1列出了卖方流程与买方流程所涉及的主要里程碑事件。

表8-1 卖方流程与买方流程——主要里程碑事件

卖方流程	买方流程
与管理层一起审查战略方案	与管理层一起审查战略方案
决定将出售资产或业务作为公司战略的一部分	决定将收购资产或业务作为公司战略的一部分
为出售业务进行准备,包括委托投资银行作为卖方顾问、编制关键性文件和财务预测	寻求收购目标,筛选项目机会
准备一份项目简介,发给潜在买方	从卖方企业得到准备实施出售过程的简要信息,以书面形式向卖方表达收购的意愿
与有意向的买方签署保密协议	签署保密协议
提供信息备忘录(IM)和财务模型(这是一份提供给潜在买方的详细文件,包括了目标公司的详细介绍和财务预测)	审阅卖方提供的信息备忘录和财务模型
回答潜在买方的问题	向卖方提问
要求潜在买方提出报价并接受其提供的初步报价(称为"第一轮报价"或非约束性报价)	准备估值,完成内部评估,并提交非约束性报价
第一轮报价结束,筛选意向买家,开始第二轮程序	
筛选出范围更小的第二轮买方清单(通常是4~5家),并通知其参与第二轮报价	如取得参与第二轮报价的资格,完成公司内部立项程序、顾问选聘并开始尽职调查
编制尽职调查数据库(电子或实体形式),并提供第二轮买方的访问权限	接收尽职调查材料并继续完善估值分析;开始制定最终报价策略

（续）

卖方流程	买方流程
邀请买家参加现场考察，并举办管理层推介会议	参与现场参观，听取卖方管理层的推介
向买方提供股权收购协议草稿	审查股权收购协议并提出修订意见
要求潜在买方提供有约束力的第二轮报价，也称为约束性报价	完成内部投资决策流程，提交包含针对股权收购协议修订建议的第二轮约束性报价
查看最终投标文件并与买方进行澄清	回答卖方的澄清问题
选择最优买方进行股权收购协议谈判	如被选中，与卖方进行合同谈判
签署股权收购协议	签署股权收购协议
交割前准备，完成交割先决条件	交割前准备，完成交割先决条件
完成交易	完成交易

小知识

在线数据室

在出售流程中，卖方需要将全部主要合同及其他资料信息汇集到一个地方，以便于潜在买方在尽职调查期间进行查阅。这些信息被存放在一个名为"数据室"的地方，查阅这些资料，是尽职调查的主要环节。

目前，越来越多的数据室采用在线数据库的形式，潜在买方均可通过登录加密互联网审阅这些文件，最大程度地减少组建大型尽职调查团队和实地考察的成本，为潜在买方留下更多审阅文件的时间。在采用在线数据库的情况下，仍需要由并购团队实地考察目标公司，听取管理层的推介，或是审阅某些无法转为数据格式的文件。

卖方流程

卖方流程因行业、资产类型和管理层的目标不同而有所不同。卖方的目标主要可归纳为两点,出售价格和交易的确定性。其他方面的考虑还包括尽可能地减少出售过程对公司业务和员工的影响,以及在整个过程中维持保密的必要性。根据卖方的不同情况,出售方案有以下几种类型(见表 8-2)。

表 8-2　出售方案的类型

保密性	出售方案	说明和评论
低	公开竞拍	• 公开宣布出售流程,并邀请所有相关方参与 • 适用于具有广泛潜在买家范围的资产 • 对被出售的业务造成重大干扰 • 流程公开 • 由于可通过公告通知潜在买方,因此,卖方无须确定所有潜在买方
低	有限竞拍	• 邀请特定的潜在买方参与竞标报价过程 • 适用于潜在买方范围有限的资产 • 允许卖方预先筛选出参与投标的潜在买方 • 能比较好地保持交易的保密性,业务被干扰的程度有限 • 有可能排除出价最高的买家
高	独家谈判	• 直接接触某个潜在的合作伙伴谈判 • 保密性可以得到很好的保障 • 不能保证价格是市场最优价格

对卖方来说,最佳买家的衡量标准是综合因素所决定的,以下几个因素都比较重要:

- 价值最高(考虑到收购货币的形式,例如现金还是股票)。
- 股权收购合同条款最优。
- 成交的确定性最大(考虑到买方过往的交易经历、监管部门的批准和融资等)。

这里要特别注意的一点是，国内投资者多是在价格方面具有竞争力，但在收购股权合同条款上过于保守，会提出非常多苛刻的条款，或是要求卖方做出过多的承诺，例如要求卖方对未来的业绩进行担保等。卖方通常希望干净地出售企业，即完成企业出售之后就彻底剥离关系。特别是对于私募股权基金来说，很多情况下，出售企业的时点也是基金应进行清算的时点。在这种情况下，基金管理人肯定不希望在企业出售后，还有很多需要解决的事项。所以，很多卖方没有选择出价最高的买方，就是因为该买方在股权收购协议中增加了太多不利于卖方的修订意见，尤其是要求卖方提供各项保证条款。

保证条款的内容是为了保护买方免受由于尽职调查盲区所造成的损失。如果卖方提供了不存在重大问题的书面保证，而结果证明这些保证失实，并导致买方产生了较大的经济损失，买方就有权要求卖方进行赔偿。因此，对有经验的卖方和买方看来，保证条款与价格密不可分，因为每一条保证条款都与潜在的成本相关。

对卖方来说，价值可以有不同的组成部分，特别是支付的形式存在现金或股票的多种情形。例如，从买方获得10亿元现金的价值可能不同于收到10亿元股票的价值（因为在成交时，这些股票对卖方的价值可能多于或少于10亿元，具体取决于股票价格是上涨还是下跌，或是在交易中是否存在保护卖方的机制，以确保卖方在成交时能得到10亿元价值的对价）。此外，接受一家大型、流动性高的公司发行的股票，对卖方来说往往更加安全，这种股票显然比另一家规模较小、流动性较差的公司发行的股票更具吸引力，因为前者更易于在卖方需要的情况下转换为现金。

董事高管的职责与买方流程

对收购来说,董事高管的职责是做决策。在做决策之前,董事高管们的一项重要任务是定方向,即明确公司的战略。根据董事高管们制定的战略方向,项目团队可以有针对性地寻找交易目标并完成交易。

第一阶段:寻找交易对象

(1)制定公司发展战略:由公司战略规划部门提出公司的战略发展目标及方向指引,董事高管们审核决策。

(2)筛选交易对象:以公司基本战略规划作为出发点,由项目团队筛选项目机会。

第二阶段:对项目进行分析,参与项目非约束性报价

(1)对有意向的项目机会,与卖方签署保密协议,获得卖方提供的信息备忘录及财务模型,开展项目初步分析。

(2)根据初步分析结果,向卖方提交非约束性报价。

对公司内部的投资决策流程来说,提交非约束性报价不需要公司承担实质的义务,为提高决策效率,由公司主管业务开发的领导决定即可。

第三阶段:完成公司内部立项、选聘顾问并开始尽职调查

(1)如果卖方接受买方提交的非约束性报价,并邀请后者进入第二轮竞标程序。由于海外收购的项目尽调过程需要聘请外部顾问,通常价格不菲,且海外收购的不确定性很高,项目竞标失败的概率很大,因此公司在进行尽职调查之前,都会先进行内部立项程序。项目立项主要是对项目收购的初步可行性进行判断,同意进一步推进项目,并批准尽调的预算。

(2)海外收购会涉及多个外部顾问团队,包括投资银行、法律顾问、技

术顾问、财税顾问、市场顾问、人力资源顾问、保险顾问等。通常投资银行作为买方顾问是外部顾问的牵头单位，组织协调整个并购流程㊀，通常是项目收购成功才会收取费用，收购失败则不需要支付费用。当然，这种收费模式有利有弊。好处是买方在收购不成功的情况下，可以节约成本；弊端则是在这种模式下，投资银行因为自身的利益关系，给买方的建议可能会比较激进。

（3）买方需要额外注意法律顾问的费用。通常法律顾问的费用是除投资银行费用之外较高的部分，需要特别加以控制。由于律师是按照小时收费，很常见的一种情形是在交易谈判阶段，买卖双方的律师发生争吵，甚至为了一个细节问题，你来我往，引经据典，各持己见。从表面来看，律师是为了雇主的利益工作，但如果律师合同中没有费用的封顶条款，那么律师就会越吵越兴奋，买卖双方都要支付高额的律师费用。所以，在谈判中，买方一定要注意把控谈判节奏，不要因为无关紧要的条款而拖延整个交易。

（4）除聘用外部顾问以外，公司也要有相应的内部团队。两个团队可以独立开展工作，并将工作成果进行互相印证，最大限度地避免财务模型风险。

第四阶段：尽职调查并准备内部投资决策文件

（1）财税、技术、人力资源等顾问通常会用4~6周的时间完成尽调工作，并提交最终的尽职调查报告，揭示潜在的风险因素。通常，为了在交易前期就排除重大风险，买方会要求顾问针对重大事项提交一份红旗尽调报告。

（2）红旗尽调报告的内容是针对项目重大问题或风险的说明。如果在红旗尽调报告中，买方发现影响交易的重大颠覆性风险，则会决定终止项目，从而避免后续的费用支出。

㊀ 投资银行的主要作用及工作内容详见由笔者翻译、机械工业出版社出版的《投资银行：估值、杠杆收购、兼并与收购、IPO》(原书第3版)。

（3）根据尽调报告内容，对非约束性报价估值进行调整，并对卖方提供的股权收购协议范本的条款进行修订。在完成全部尽调工作后，买方会进行内部投资决策会议，报出约束性报价。

（4）在提交的内部投资决策方案中，除了估值，还有一项重要的内容，那就是并购后的整合规划。整合规划通常是在尽职调查和谈判阶段开始的。

第五阶段：提出约束性报价并进行交易谈判

（1）在收到买方的约束性报价后，卖方会针对所有买方的报价及合同条款，结合买方交易的确定性进行综合评估，确定最优的买方作为谈判人。在少数情况下，卖方有时为了争取更大的利益，在第二阶段买方提交报价后，还会以报价接近为由，请买方进行第三轮报价。

（2）在选定优先买方后，双方开始对交易进行谈判。一旦谈判中关键交易条款达成一致，就需要将这些条款反映在法律文件中。此时，公司高管、律师和投资银行的人员将对这些条款进行集体讨论，并将讨论结果确定为交易条款，直至达成双方都满意并愿意执行的合同。针对合同的最后一轮谈判可能会非常激烈。一旦双方对所有条款达成一致，便立即签署合同。在这个阶段，不建议买方在非重要条款上耗费大量的时间。

（3）根据需要，公司可以起草正式的新闻发布稿。交易规模很大的话，公司可能还需要聘请一家专业的公关公司负责交易公告事宜。

第六阶段：取得审批并履行交易的成交过程

（1）取得审批：完成交易所需的审批形式取决于交易的重要性或规模以及交易所涉及的行业。如果需要政府审批、通过项目所在国政府的反垄断审查或需要取得银行的批准，这些条件在股权收购合同中都可能列为交易的先决条件。在双方签署股权收购协议后，要各自履行相关的交易先决条件。

（2）整合工作的准备：在签署交易后，收购的整合工作进入实质阶段，需要制订好详细的收购后续计划，并做好统一安排。在此期间买方应积极完善整合方案，以便在交割后立即开始执行。

（3）交易的成交：一旦获得所有必要的批准，就可以成交。成交包括签署成交文件、交付现金（或双方同意的其他任何付款形式），并完成最终的股权变更。

（4）完成整合：这个过程可能需要几周到几年，具体取决于交易的规模。

第七阶段：交割后评价

（1）在项目完成交割 1 年后，买方通常会对收购过程进行评估。交割后评价需要根据收购后项目的实际财务表现、整合实施情况与收购前的假设和计划进行对比。

（2）根据交割后评价的结果：买方可以总结经验，以便在未来交易时进行参考。

8.2 海外收购的估值与主要风险

从估值的角度来说，海外收购估值和国内收购估值的方法并不存在差异。海外收购之所以风险更高，是因为交易双方所处的宏观环境、市场、管理模式、文化、法律等方面有差异，因此在估值的时候，相关参数假设的不确定性较高。

汇率是所有海外投资首要关注的风险

海外投资资金回流首先面临的是汇率风险。因此，在进行海外投资项目的分析时，首先要研究投资国的外汇管制政策、汇率的稳定性。对于政府公开招标的项目，很多国家为了吸引投资人，在合同中约定了项目收入和美元挂钩，或是与通货膨胀挂钩，同时由政府提供担保。这类项目的外汇风险相应较低。项目投资大都是长期的过程，因此无法通过外汇市场进行汇率对冲，一是不会有长期的对冲产品，二是外汇对冲成本较高，如果将外汇对冲成本完全纳入财务模型，项目收益率可能会失去吸引力。

客观上，对外汇汇率的预测也无法做到非常准确。因此，董事高管们在做相关决策时就需要制定原则方法。首先，对短期（3年内）的汇率预测来说，可以采用权威机构或相关金融终端机构预测的中位数作为财务模型的输入条件。对于长期的汇率预测，则按照通行的购买力平价来进行预测，即汇率变化取决于两个国别之间的通胀差异。虽然汇率变化不只是受通胀这一个因素影响，但是可以通过这个方法降低部分汇率风险。

1年后汇率 = 当前汇率 ×（1+ 当地国长期通胀率）/（1+ 美国长期通胀率）

例如，巴西长期通胀率为4%，美国长期通胀率为2%，当前巴西雷亚尔对美元的汇率为1美元兑换5.05雷亚尔，我们的财务模型则可以假设一年后雷亚尔兑美元的汇率为：

$$1年后汇率 = 5.05 \times (1+4\%) / (1+2\%) = 5.15$$

这个计算就相当于在财务模型中假设巴西雷亚尔每年会贬值约2%。通过这样的假设方法，企业可以在投资决策时将汇率贬值风险纳入财务模型。虽然不能完全消除汇率风险，但从长期来说可以缓解很大一部分风险。

文化整合风险会关系到收购成败

估值建立在企业持续经营假设的基础上，不论是销售收入的增长或是正常的生产经营，都需要在管理团队的带领下有序开展业务。未来财务数据的预测，也都是在企业正常生产经营状况下进行的假设。

董事高管们需要特别关注的是由于国内外文化差异，管理模式差异可能会导致较大的文化冲突。如果所收购企业的核心经营模式完全依赖管理人员的市场资源或人脉资源，或是核心人员的经验，那么在收购后如何留住管理层则是关系收购成败的关键因素。

2016年，暴风集团全资子公司暴风（天津）投资管理有限公司（简称"暴风投资"）联合光大浸辉投资管理（上海）有限公司（简称"光大浸辉"），发起设立一只规模为52.03亿元的产业并购基金——上海浸鑫，其主要目标是收购MPS 65%的股权。MPS曾经是全球体育版权市场的霸主之一，由三位意大利人创建。主要从事媒体转播权管理，经营全球重要体育专业联赛的媒体转播权以及分销协议，并开展一系列体育转播权合作项目，以及购买并持有多个体育产权。MPS股权易主后，其创始人相继套现出走，甚至在脱身后另起炉灶，构成了与MPS的正面竞争。

2017年，在创始人出走、资金受限等情况下，MPS遭遇滑铁卢，被竞争对手IMG击败，失去了意甲联赛独家版权。随后，MPS相继失去在南美洲等地的系列版权。次年，英超俱乐部阿森纳也终止了与MPS的合作。2018年10月17日，英国高等法院裁决MPS破产清算，MPS彻底陨落。

从完成收购到公司破产清算，前后不到两年时间，52亿元就灰飞烟灭。虽然从表面原因看来，在收购时，上海浸鑫并没有和MPS原股东签订"禁止竞业协议"，导致两位原股东离开后又另起炉灶，但深层原因是MPS拥有的体育赛事版权大部分都在2018年和2019年到期，一旦续约失败公司就会沦为空壳。在这种情况下仍重金投入，最终落得一地鸡毛。

协同效应不仅是投资价值的关键驱动因素，也是估值的不确定因素

对战略投资人来说，要在激烈的收购环境中中标，协同效应假设一定是取胜的关键因素。协同效应是估值假设里不确定性较强的假设。特别是在收购前，投资人并没有充裕的时间去完成调研或设计详细的收购整合计划，因此在收购前阶段的协同效应假设更多的是基于初步调研后的理论假设。

协同效应可以进一步划分为收入协同和成本协同。收入协同涉及不同的市场、渠道，特别是在控股股东发生变化之后，在假设增量的同时，也需要考虑原有的客户或市场是否存在流失的可能性。成本协同则是关闭重复的设施、削减人员，或是通过集中统一采购实现成本降低。相比收入协同，成本协同由企业决策，因此其可靠性和控制性较强，实现起来相对容易。

在估值时，一定要避免过度假设协同效应。根据实践经验，收购中即使存在协同效应，也是在经过几年的磨合期之后才能发挥出来，一开始就假设明显的协同效应往往是不现实的。

本章小结

- 海外收购通常以竞拍的方式进行，投资银行会在竞拍过程中烘托紧张的竞拍氛围，鼓励买方最大限度地提高收购价格。
- 卖方出售的主要关注点是出售价值和交易的确定性。出售价值不但与支付的形式是现金还是股票相关，还与双方签署的股权收购协议条款的友好程度密切关联。
- 卖方流程通常分为两个阶段，首先是非约束性报价，然后是约束性报价。
- 买方流程通常分为投资立项阶段和投资决策阶段。在投资立项后，买方会开展尽职调查工作，并完成内部投资决策报告。在内部董事高管们完成投资决策后，报出约束性报价。在卖方接受后，双方开展谈判并最终签约。
- 海外收购与国内收购的首要区别是要关注汇率风险，其次是要关注市场、法律、文化等方面的差异。
- 海外收购要特别关注收购后的整合，需要对文化差异做好充分的准备。

董事高管估值
知识简明指南

董事高管的领导责任

毋庸置疑，董事高管们在企业的经营和发展中发挥着重要作用，对企业的任何一项重大经营决策或是投资并购决策都负有相应的责任。董事高管们应勤勉尽责，具备相应的专业知识，做好公司制度设计。

董事高管们的职责中和估值紧密相关的就是"做决策"。董事会依照法定程序和公司章程决策企业重大经营管理事项，包括重大投融资事项；审议重大经营管理事项，重点研判其合法合规性、与出资人要求的一致性、与企业发展战略的契合性、风险与收益的综合平衡性等。

公司治理与估值人员专业要求

董事高管们是从大方向审核和投资决策，而工作团队是项目估值及风险把控的第一道关口。因此，董事高管们要在公司建立良好的业务架构并加强工作团队的专业建设，从源头上控制风险。

一线投资人员必须具备专业估值资格

一线投资人员是把控投资风险的最重要的一道关口。加强一线人员的专业投资能力是企业进行科学投资决策的根本保证。

估值是项目投资决策的核心环节,涉及融资、法律、技术、财税、管理等多专业知识,估值从业人员除应具有注册估值分析师(CVA)资格以外,还应具备本行业的其他专业基础知识。

投资估值工作需要"两双眼"

估值作为一项独立性很强的专业工作,很难通过团队的方式开展,通常是由一人负责财务模型的建立、修改和完善。在工作高压和时间紧迫的情况下,或是经过长时间的连续工作,可能会导致财务模型出错的情形。所以,对投资估值工作来说,坚持"两双眼"原则,意为财务模型和估值结果一定要安排专人负责审核,这样可以最大限度地避免人为错误的发生。

估值工作不能完全依赖外部团队,结果要由两个团队互相印证

如前所述,不论是资产评估师事务所还是投资银行,他们的估值工作都有各自的局限性。企业一定要建立内部估值专业团队,同时请外部估值顾问独立进行工作。内部专业团队的工作成果可以和外部顾问的工作成果进行比较,特别是对依赖于财务模型的估值成果,可以通过两个团队的估值差异寻找参数差异。如果参数相同但估值结果有差异,可能是其中一方的估值模型出现错误。通过这种方式,可以避免因财务模型导致的重大损失或投资失误。

董事会决策要参考内部独立评审中心的评审意见

投资收购行为通常是由公司的投资发展部或项目开发部来完成，与此同时，公司的年度发展任务指标也会与投资部门和开发人员的奖金绩效相挂钩。在巨大压力下，主管公司投资开发业务的领导会为了完成任务指标，不遗余力地推进项目，非常激进地进行估值，从而忽视了风险。

董事高管们进行决策所依据的材料完全由项目团队准备，如果项目团队不能全面反映项目情况，有偏向地筛选项目材料，例如对于先例交易只挑选有利的市场成交价格的案例作为比较，那么董事高管们也无法进行真实判断。在这种情况下，在公司内部一定要设置独立的投资评审中心。投资评审中心的人员应具备丰富的交易经验，理解开发工作的重点及难点。评审中心负责人要具有不唯上、只唯实的专业品质。投资评审中心应根据项目团队准备的项目材料独立进行评审，出具评审意见。董事高管们在做决策时，可以依据内部评审中心出具的意见，进一步保障决策的科学性。

投资评审中心对有大量子公司的集团来说非常必要，其职责还包括规范估值标准、估值方法、收益率标准、参数标准、财务模型标准，同时归纳汇总集团其他部门的意见。做到投资估值工作方法及参数全集团上下统一，财务模型结构规范有序。针对这些标准或参数取值，项目投资团队可以根据市场趋势及时调整，还可避免因为参数取值过于保守而导致报价失去市场竞争力。

本章小结

- 董事会是企业经营决策的主体，其主要职责是定战略、做决策、防风险，依照法定程序和公司章程决策企业重大经营管理事项。
- 董事高级管理人员应当遵守法律、行政法规和公司章程，对公司负有忠实义务和勤勉义务。董事高管们需要掌握必要的估值知识，以便更好地做出投资决策。

- 一线专业投资人员是把控投资风险的一道重要关口，公司需要建立内部投资团队，估值人员需要具备注册估值分析师（CVA）等专业资质。
- 投资估值工作至少需要两个人参与，一人负责出具估值结果，一人负责审核。重大项目投资估值工作需要外部顾问参与，工作结果与内部估值团队互相印证，明确差异原因，避免财务模型风险。
- 公司内部建立投资评审中心，负责人需要具备丰富的项目经验。董事会决策要参考内部独立评审中心的评审意见。

附 录

附录 A 估值报告标准

注册估值分析师协会

估值报告标准

（2021 年版）

1. 总则

1.1 估值报告必须传达正确理解估值或估值审查所必需的信息，以帮助目标用户清晰理解估值的过程和结论。

1.2 为了提供有用的信息，估值报告必须清晰、准确地描述估值任务的范围、目的以及预期用途（包括对该用途的任何限制条件），并披露任何假设，包括特殊假设以及直接影响估值的重大不确定性或限制条件。

1.3 一个合格的估值报告必须具备可辩护性、次序性、可验证性以及逻辑性。

2. 适用性

本估值报告标准适用于所有注册估值分析师（Chartered Valuation Analyst）出具的估值报告或有关估值审查结果的报告，范围涵盖全面的详细报告及简短的摘要报告。

3. 目的

本估值报告标准的目标是确保注册估值分析师持证人所发布的估值报告具有一致性和高质量。目的是建立一个最低的估值报告标准。

4. 估值报告的一般要求

4.1 估值的目的、所评估资产的复杂性以及用户的要求将共同决定适合估值报告的详细程度。在确定估值工作范围的过程中，报告的格式应征得所有各方的同意。

4.2 遵守此估值报告标准不需要特定的估值报告格式，但是，该估值报告必须足以向预期的用户传达估值任务的范围、所进行的工作以及所得出的结论。

5. 估值报告的强制性要求

估值报告可以用详细估值报告或摘要估值报告的形式呈现。不论详细估值报告或摘要估值报告都必须包括以下内容，这些内容反映了估值任务的范围：

5.1 详细估值报告　在撰写估值报告时，会员应考虑并遵循以下列出的标题，以确保涉及所有相关的内容。

1) 估值分析师的身份和资格

估值分析师可以是个人或公司。如果估值分析师与标的资产或估值任务的其他方有任何重大关联，或者如果存在其他任何可能会影响估值分析师无偏见和客观估值能力的因素，这些因素必须在一开始就予以披露。如果未进行此类披露，则视为估值任务不符合估值标准的要求。如果估值分析师需要就估值任务的任何方面寻求他人的实质性帮助，则必须明确这种帮助的性质和依赖程度。

2）估值报告使用方及任何其他用户的身份

确认估值报告的使用方，并确定估值报告的形式和内容，以确保报告中涵盖与估值报告使用方需求相关的信息。

3）法定所有权的确定

4）估值的目的

必须清楚地确定估值任务的目的，不要在没有上下文语境或没有明确目的的情况下使用估值建议。估值的目的通常会影响要使用的价值基础/标准。

5）确定所估值的标的界限

必须清楚地确定估值工作中的标的界限。

6）所采用的价值基础/标准

按照国际估值标准价值基础/标准的要求，价值基础必须适合估值的目的，例如估值的目的是衡量公允价值还是针对特定投资人的投资价值。必须引用所使用的任何价值基础定义来源或对价值基础进行解释。

7）确定是否有任何偏离

偏离是指必须遵守与估值标准中的某些要求不同的特定法律、法规或其他行政要求的情况。"偏离"是强制性的，因为估值分析师必须遵守适用于估值目的和管辖地的法律、法规和其他行政要求，才能符合估值标准。当在这些情况下出现偏离时，估值分析师仍可声明估值是根据估值标准进行的。

8）估值基准日

必须确定估值基准日。如果估值基准日与发布估值报告的日期或进行、完成调查的日期不同，则应在适当的时候加以区分。

9）调查的范围

必须明确对估值任务中实地检查、问询或分析的任何限制。如果由于估值任务的条件限制了调查而无法获得相关信息，则必须明确这些限制以及由于限制而做出的任何必要假设或特殊假设。

10）所依据信息的性质和来源

必须明确所依赖的任何相关信息的性质和来源，以及其在估值过程中进行验证的程度。

11）所有的假设和特殊假设

必须确定在进行和报告估值任务时要做出的所有重要假设和特殊假设。

12）对估值报告的使用、分发和出版的限制

在有必要或希望去限制估值报告使用的情况下，必须向估值报告的使用用户明确传达。

13）确认估值操作是根据估值标准和行为准则而进行的

14）估值的方法与方法选择的原因

15）估值结论以及得出结论的主要原因

16）估值报告的出具日期

17）关于估值的任何重大不确定性的阐述

18）列出已商定的任何责任限制的声明

注册估值分析师协会不提供标准的估值报告格式。但是，强烈建议估值报告应包括以下主要部分，但不一定按此顺序排列：

1）估值说明函

2）目录

3）摘要

4）估值的目的以及估值的基础（标准）

5）假设和特殊假设

6）所估值的标的企业股权架构及股东介绍

7）企业历史及业务描述

8）企业商业模式和 SWOT 分析

9）企业所在行业、市场、经济环境、营销计划分析及前景

10）企业运营主要风险

11）财务报表分析

12）所选择估值方法、估值重要假设以及估值的结论

13）注意事项、免责声明以及估值的局限性

14）附录以及列表

15）术语表

5.2　摘要估值报告　摘要估值报告使用详细估值报告的节略版本来阐述估值结论。摘要估值报告应涵盖详细估值报告中所涉及的所有项目，但无须采用相同的详细程度。

6.估值报告文本格式标准

注册估值分析师协会强烈建议持证人在撰写估值报告时：

1）使用页码

格式为 X/Y。

2）使用标题页

标题页是估值报告的第一页，标题页应包含估值报告用户识别报告内容所需的所有信息。

3）使用目录

目录通常包括一级标题、二级标题，有时甚至包括三级标题。

4）给标题编号

例如：一级标题的编号为 1、2、3，二级标题的编号为 1.1、1.2、1.3。

5）创建只读、不可编辑的 PDF 文档

6）如果文件过大，使用压缩文件格式

7）数字使用千位分隔符，以便更加容易辨认

8）文字格式

- 标题：二号黑体加粗；
- 小标题：小四黑体加粗；
- 内文：五号黑体字；
- 段落格式：打开 Word 文档中的"格式"点"段落"，将"对齐方式"设置为"两端对齐"，"大纲级别"设置为"中文文本"，"缩进""间距"均设置为" 0"，"特殊格式"设置为"首行缩进"，度量值设置为"2 字符"，"行距"设置为"最小值"，设置值为"20 磅"。

9）表格、图形和图表

- 有明确可定义的目的；
- 在估值报告的正文中提及；
- 有一个粗体标题，清楚描述图形和图表标题；
- 有明确编号，并在文本中引用该编号说明。

10）附录

- 包括过于庞大、无法包含在报告正文中的内容；
- 所有附录都应编号并给出标题；
- 应在报告正文中直接引用；
- 每个附录应从新页开始，且仅包含一条信息；
- 附录可以包括图表、表格、摘录等。

11）语言的使用

估值报告的作者需要向读者澄清专业的概念。概念越难，所用的词就应该越简单，以便读者准确理解作者的意图。如果估值报告不是针对专业人士的，请有限使用专业术语。

12）确保估值报告没有错别字，标点符号使用正确

7. 估值指标说明

并购估值常用的方法有现金流折现法和市场法。市场法又分为可比上市公司估值和可比先例交易分析。市场法估值常用的参考指标为 P/E、EV/EBITDA 和 P/B 乘数。为规范估值指标计算，特此对相关指标计算进行说明。

P/E 指标

P/E 指标也称为市盈率。是指股票价格除以每股收益的比率，或是股权价值除以归属普通股的净利润，或以公司市值除以年度股东应占溢利。

计算时，上市公司股价通常取最新收盘价，而每股收益方面，若按已公布的上年度每股收益计算，称为历史市盈率；计算预估市盈率所用的每股收益预估值，一般采用市场平均预估，即追踪公司业绩的机构收集多位分析师的预测所得到的预估平均值或中值。

历史市盈率（已公布财务数据），可以采用上年度财务数据和过往 12 个

月财务数据。预估市盈率（或前瞻性市盈率）可以采用预测本财政年度、预测未来 1 年和预测未来 2 年的净利润计算。

计算非上市公司市盈率指标采用收购股权价值除以归属普通股的净利润。为体现并购项目的真实估值指标，对并购对价含有股东贷款的收购，计算 P/E 指标时，股东贷款类同权益，收购对价采用包括股东贷款的股权对价，净利润同时调整为剔除股东贷款利息影响的净利润。

P/B 指标

P/B 指标即市净率，指的是每股股价与每股净资产的比率，或是股权价值与净资产的比率。

市净率可用于股票投资分析，一般来说市净率较低的股票，投资价值较高，反之投资价值较低；但在判断投资价值时还要考虑当时的市场环境以及公司经营情况、盈利能力等因素。

在并购项目中，市净率可以体现溢价水平，较高的市净率会形成商誉，在预期财务指标不达标时会有减值风险。为体现并购项目的真实估值水平，在对并购对价含有股东贷款的收购计算 P/B 指标时，收购对价采用包括股东贷款的金额，账面净资产加上股东贷款作为分母计算。

EV/EBITDA 指标

EV/EBITDA 又称企业价值乘数，是一种被广泛使用的公司估值指标。EV/EBITDA 和 P/E 等指标的用法一样，若其倍数相对于行业平均水平或历史水平较高，则说明高估。

企业价值指企业本身的价值，代表企业的核心经营资产价值，既包括股东权益，又包括债权人利益，是该企业预期自由现金流量以其加权平均资本成本为贴现率折现的现值。

EBITDA 即息税折旧摊销前利润。

EBITDA=EBIT（Earnings before interest, tax, 息税前利润）+折旧费用+摊销费用

EV 即企业价值。

EV= 市值（股权价值）+优先股+非控股股东权益+有息负债-现金及现金等价物

对含有股东贷款的并购对价，股东贷款类同权益，合并到股权价值进行计算。

附录 B 投资估值常用术语表

AR	Accounts Receivable	应收账款	
AVP	Analysis at Various Prices	可变价格分析	
BAFO	Best and Final Offer	最好及最终报价	
BCR	Benefit-Cost Ratio	效益 – 成本比率	
Bn	Billion	十亿	
BO	Binding Offer	约束性报价	
BP	Business Plan	商业计划书	
BVPS	Book Value Per Share	每股账面价值	
CA	Confidentiality Agreement	保密协议	
CAGR	Compound Annual Growth Rate	年复合增长率	
CAPEX	Capital Expenditures	资本性支出	
CAPM	Capital Asset Pricing Model	资本资产定价模型	
CD	Certificate of Deposit	大额存款证书	
CDS	Credit Default Swap	信用违约互换	
CFA	Chartered Financial Analyst	特许金融分析师	
CFADS	Cash Flow Available for Debt Service	可用于偿付债务的现金流	
CFF	Cash Flow from Financing	筹资活动产生的现金流	
CFO	Cash Flow from Operation	经营活动产生的现金流	
CFI	Cash Flow from Investment	投资活动产生的现金流	
CIM	Confidential Information Memorandum	机密信息备忘录	
CIT	Corporate Income Tax	公司所得税	
COD	Commercial Operation Date	商业运营日	
Comps	Comparable Company Analyses	可比上市公司分析	
COGS	Cost of Good Sales	销货成本	

（续）

CPA	Certified Public Accountant	注册会计师
CVA	Chartered Valuation Analyst	注册估值分析师
D&A	Depreciation & Amortization	折旧摊销
D/A	Debt-to-Asset Ratio	资产负债率
DCF	Discounted Cash Flow	现金流折现
DD	Due Diligence	尽职调查
DIH	Days of Inventory Held	存货周转天数
DLOC	Discount of Lack of Control	少数股权折价
DLOM	Discount of Lack of Marketability	流动性折价
DPO	Days Payable Outstanding	应付账款天数
DSCR	Debt Service Coverage Ratio	偿债覆盖率
DSO	Days of Sales Outstanding	应收账款周转天数
DSRA	Debt Service Reserve Account	偿债准备金账户
DTA	Deferred Tax Asset	递延所得税资产
DTL	Deferred Tax Liability	递延所得税负债
EAR	Effective Annual Rate	有效/实际年利率
EBIAT	Earnings Before Interest After Tax	息前税后利润
EBIT	Earnings Before Interest and Tax	息税前利润
EBITDA	Earnings Before Interest,Tax,Depreciation and Amortization	息税折旧摊销前利润
EBT	Earnings Before Tax	税前利润
EIA	Enviromental Impact Assesment	环境影响评价
EMM	Exit Multiple Method	退出乘数法
EIRR	Equity Internal Rate of Return	股本金内部收益率
EPC	Engineering Procurement and Construction	工程总承包
EPS	Earnings Per Share	每股收益
ESOP	Employee Stock Ownership Plan	员工持股计划
ESG	Enviromental, Social and Governance	环境、社会和公司治理
EV	Enterprise Value	企业价值
EVA	Economic Value Added	经济附加值

（续）

FA	Financial Advisory		财务顾问
FC	Financial Close		融资关闭
FCF	Free Cash Flow		自由现金流
FIFO	First-in, First-out		先进先出法
FMV	Fair Market Value		公允市场价值
FV	Future Value		未来价值
GAAP	Generally Accepted Accounting Princeiples		一般公认会计原则
GDP	Gross Domestic Product		国内生产总值
GGM	Gordon Growth Model		戈登增长模型
GMV	Gross Merchandise Volume		成交总额
GP	General Partner		普通合伙人
ICR	Interest Cover Ratio		利息覆盖率
IFRS	International Financial Report Standard		国际财务报告准则
IM	Information Memorandum		信息备忘录
IMF	International Monetary Fund		国际货币基金组织
IPO	Initial Public Offering		首次公开发行
IPP	Independent Power Producer		独立发电商
IRR	Internal Rate of Return		内部收益率
IV	Intrinsic Value		内在价值
JV	Joint Venture		合资企业
LBO	Leveraged Buyout		杠杆收购
LCOE	Levelised Cost of Energy		平准化能源成本
LIFO	Last-in, First-out		后进先出法
LIBOR	London Interbank Offered Rate		伦敦同业拆借利率
LLA	Land Lease Agreement		土地租赁协议
LLCR	Loan Life Coverage Ratio		贷款周期覆盖率
LP	Limited Partner		有限合伙人
LTD	Long-Term Debt		长期债务
LTM	Last Twelve Month		过往 12 个月
LYR	Last Year Report		上一财年年报

（续）

m(or mn)	Millions	百万
M&A	Mergers and Acquisitions	兼并和收购
MAC	Material Adverse Change	重大不利变化
MACRS	Modified Accelerated Cost Recovery System	修订的加速成本回收制度
MBO	Management Buyout	管理层收购
MD&A	Management's Discussion and Analysis	管理层的讨论和分析
MPR	Market Penetration Rate	市场渗透率
MOE	Merger of Equals	对等合并
MoF	The Ministry of Finance	财政部
MTN	Medium Term Note	中期票据
NAV	Net Asset Value	资产净值
NBO	Non-Binding Offer	非约束性报价
NDA	Non-Disclosure Agreement	保密协议
NI	Net Income	净利润
NOLs	Net Operating Loss	净营业亏损
NOPAT	Net Operating Profit After Tax	税后净营业利润
NPAT	Net Profit After Tax	税后净利润
NPV	Net Present Value	净现值
NYSE	New York Stock Exchange	纽约证券交易所
NWC	Net Working Capital	净营运资本
OCI	Other Comprehensive Incomes	其他综合收益
OCF	Operating Cash Flow	经营现金流
O&M	Operations and Management	运营和维护
OPEX	Operating Expenditures	经营成本
P&L	Profit and Loss Statement or Income Statement	利润表
P/B	Price to Book Ratio	市净率
P/E	Price to Earnings Multiple	市盈率
PIRR	Project Internal Rate of Return	项目内部收益率
PLCR	Project Life Coverage Ratio	项目周期覆盖率
PP	Payback Period	投资回收期

（续）

PPA	Power Purchase Agreement		购电协议
PP&E	Property, Plant and Equipment		土地、厂房和设备
PPP	Public Private Partnership		政府和社会资本合作
PV	Present Value		现值
R&D	Research and Development		研究与开发
RE	Retained Earnings		留存收益
ROA	Return on Assets		总资产收益率
ROE	Return on Equity		净资产收益率
ROI	Return on Investment		投资收益率
ROIC	Return on Invested Capital		投入资本收益率
SBLC	Standby Letter of Credit		备用信用证
S&P	Standard and Poor's		标准普尔
SEC	Securities and Exchange Commission		证券交易委员会
SHA	Shareholders Agreement		股东协议
SG&A	Selling, General and Administrative Expenses		销售、行政及管理费用
SGR	Sustainable Growth Rate		可持续增长率
SIC	Standard Industrial Classification		标准行业分类体系
SP	Size Premium		规模溢价
SPA	Share Purchase Agreement		股权认购协议
SPV	Special Purpose Vehicle		特殊目的公司
STD	Short-term Debt		短期债务
TS	Term Sheet		条款清单
TSM	Treasury Stock Method		库存股票法
TTM	Trailing Twelve Month		过往12个月
TV	Terminal Value		终值
VDD	Vendor Due Diligence		卖方尽职调查
WC	Working Capital		营运资本或流动资金
WACC	Weighted Average Cost of Capital		加权平均资本成本
YTM	Yield to Maturity		持有到期收益率

金多多金融投资译丛

序号	中文书名	英文书名	作者	定价	出版时间
1	公司估值（原书第2版）	The Financial Times Guide to Corporate Valuation, 2nd Edition	David Frykman, Jakob Tolleiyd	59	2017年10月
2	并购、剥离与资产重组：投资银行和私募股权实践指南	Mergers, Acquisitions, Divestitures, and Other Restructurings	Paul Pignataro	69	2018年1月
3	杠杆收购：投资银行和私募股权实践指南	Leveraged Buyouts, + Website: A Practical Guide to Investment Banking and Private Equity	Paul Pignataro	79	2018年4月
4	财务模型：公司估值、兼并与收购、项目融资	Corporate and Project Finance Modeling: Theory and Practice	Edward Bodmer	109	2018年3月
5	私募帝国：全球PE巨头统治世界的真相（经典版）	The New Tycoons: Inside the Trillion Dollar Private Equity Industry that Owns Everything	Jason Kelly	69.9	2018年6月
6	证券分析师实践指南（经典版）	Best Practices for Equity Research Analysts: Essentials for Buy-Side and Sell-Side Analysts	James J. Valentine	79	2018年6月
7	证券分析师进阶指南	Pitch the Perfect Investment: The Essential Guide to Winning on Wall Street	Paul D. Sonkin, Paul Johnson	139	2018年9月
8	天使投资实录	Starup Wealth: How the Best Angel Investors Make Money in Startups	Josh Maher	69	2020年5月
9	财务建模：设计、构建及应用的完整指南（原书第3版）	Building Financial Models, 3rd Edition	John S.Tjia	89	2019年12月
10	7个财务模型：写给分析师、投资者和金融专业人士	7 Financial Models for Analysts, Investors and Finance Professionals	Paul Lower	69	2020年5月
11	财务模型实践指南（原书第3版）	Using Excel for Business and Financial Modeling, 3rd Edition	Danielle Stein Fairhurst	99	2020年5月
12	风险投资交易：创业融资及条款清单大揭秘（原书第4版）	Venture Deals: Be Smarter than Your Lawyer and Venture Capitalist, 4th Edition	Brad Feld, Jason Mendelson	79	2020年8月

（续）

序号	中文书名	英文书名	作者	定价	出版时间
13	公司金融：金融工具、财务政策和估值方法的案例实践（原书第2版）	Lessons in Corporate Finance: A Case Studies Approach to Financial Tools, Financial Policies, and Valuation, 2nd Edition	Paul Asquith, Lawrence A. Weiss	119	2021年10月
14	资本的秩序	The Dao of Capital: Austrian Investing in a Distorted World	Mark Spitznagel	99	2020年12月
15	投资银行：估值、杠杆收购、兼并与收购、IPO（原书第3版）	Investment Banking: Valuation, LBOs, M&A, and IPOs, 3rd Edition	Joshua Rosenbaum Joshua Pearl	199	2022年8月
16	亚洲财务黑洞（珍藏版）	Asian Financial Statement Analysis: Detecting Financial Irregularities	ChinHwee Tan, Thomas R. Robinson	88	2022年9月
17	投行人生：摩根士丹利副主席的40年职业洞见（珍藏版）	Unequaled : Tips for Building a Successful Career through Emotional Intelligence	James A. Runde	68	2022年9月
18	并购之王：投行老狐狸深度披露企业并购内幕（珍藏版）	Mergers & Acquisitions: An Insider's Guide to the Purchase and Sale of Middle Market Business Interests	Dennis J. Roberts	99	2022年9月
19	投资银行练习手册（原书第2版）	Investment Banking: Workbook, 2nd Edition	Joshua Rosenbaum Joshua Pearl	59	2023年4月
20	市场的引擎：科技投资简史	Engines That Move Markets: Technology Investing from Railroads to the Internet and Beyond	Alisdair Nairn	158	2023年5月
21	证券分析师生存指南	Survival Kit for an Equity Analyst: The Essentials You Must Know	Shin Horie	58	2023年6月
22	财务模型与估值：投行与私募股权实践指南（原书第2版）	Financial Modeling and Valuation: A Practical Guide to Investment Banking and Private Equity, 2nd Edition	Paul Pignataro	99	2023年6月